Prächtige Weihnachtssterne

Aus Papier, Stroh, Holz und mehr

Inhaltsverzeichnis

Vorwort

Was wäre die Advents- und Weihnachtszeit nur ohne Sterne? Bestimmt nur halb so schön! Deshalb begleiten Sie die Sterne sicher schon Ihr ganzes Bastler-Leben lang: In der Kindergartenzeit haben Sie sich an einfachen Faltsternen versucht, später dann an etwas komplizierteren und aufwändigeren Modellen, und dabei gesehen, dass es bei den Sternen eine fast unendliche Vielfalt gibt.
Im Buch finden Sie Sterne aus traditionellen Materialien wie Stroh, Bastelspan, Sperrholz und Bastel-Alufolie, aber auch Modelle aus modernen Transparentpapieren, Reisig, Filz, Modelliermasse, Perlen und Co.
Ob als weihnachtlicher Willkommensgruß an der Haustüre, leuchtender Fensterschmuck, filigraner Geschenkanhänger oder Weihnachtskarte – hier lernen Sie Sterne von ihrer schönsten Seite kennen!
Wir wünschen Ihnen eine schöne Weihnachtszeit und fröhliche Bastelstunden!

Materialien und Werkzeuge

GRUNDAUSSTATTUNG

Folgende Materialien, Hilfsmittel und Werkzeuge werden für die meisten der in diesem Buch gezeigten Modelle benötigt. Diese Dinge werden in den speziellen Materiallisten in der Regel nicht mehr extra aufgeführt.

- Transparentpapier
- Fotokarton oder anderer dünner Karton
- UHU Alleskleber kraft
- UHU Alleskleber
- Klebestift
- Zirkel
- Druckbleistift
- Schere
- Cutter mit Schneideunterlage
- Geo®-Dreieck
- Seitenschneider (um Drähte abzuschneiden)
- Vorstechnadel

HINWEISE

UHU Alleskleber kraft verwendet man für fast alle Klebearbeiten außer Transparentpapier, Seidenpapier und Papier. UHU Alleskleber eignet sich für Papier und Fotokarton.

Mit einem Klebestift klebt man Transparentpapier und Seidenpapier.

Unter „Rest" wird immer ein Stück verstanden, das maximal A5 groß ist. Werden für ein Modell aber exakte Größenangaben benötigt (beispielsweise genau 20 cm x 6 cm große Rechtecke), so werden genau diese Maße auch in der speziellen Materialliste aufgeführt.

So geht es

Schablonen fertigen

Die Vorlage entweder mit Bleistift auf Transparentpapier abpausen oder einfach fotokopieren.

Dann das Transparentpapier bzw. die Fotokopie auf Fotokarton oder einen anderen dünnen Karton kleben und mit der Schere oder dem Cutter die Schablone ausschneiden. Diese Schablone dann auf das gewünschte Material legen und die Konturen nachziehen.

Schneiden und falten

Exaktes Falten wird erleichtert, indem die Faltlinie leicht mit dem Cutter angeritzt wird. Anschließend die Faltung mit dem Falzbein überstreichen. Dann wie in der jeweiligen Anleitung erklärt fortfahren.

TIPP **Wenn Sie wollen, können Sie für größere Modelle die Vorlagen mit dem Kopierer nach Wunsch vergrößern.**

Holzarbeiten

Zuerst die Vorlagen auf das Holz übertragen. Dazu entweder Schablonen verwenden oder die Vorlagen mithilfe von Kohlepapier übertragen (die beschichtete Seite nach unten legen).

Dann das Motiv bzw. die Motivteile mit der Laub- oder Dekupiersäge aussägen und die Kanten mithilfe der Feile und des Schleifpapiers glätten. Zum Schluss die Motive wie abgebildet bemalen und zusammensetzen.

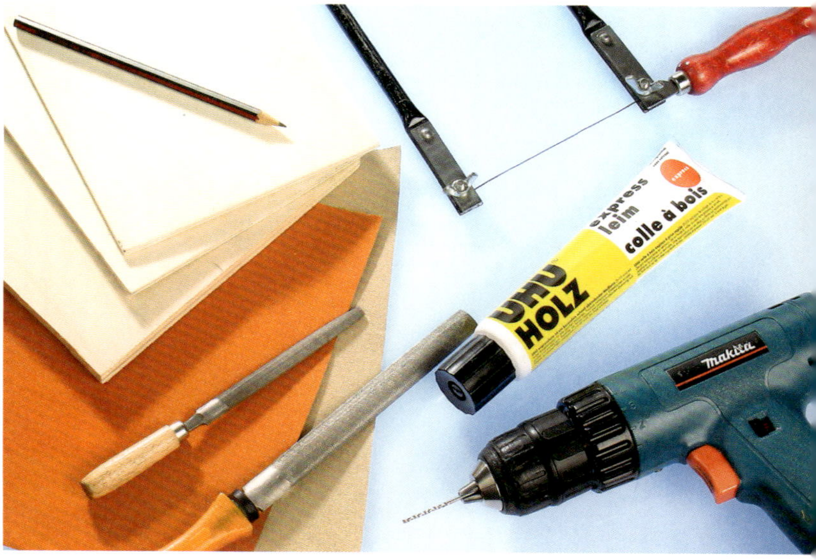

ZUSÄTZLICHE MATERIALIEN UND WERKZEUGE

- Holzleim
- Laub- oder Dekupiersäge
- Bohrer in verschiedenen Größen
- Holzfeile
- Schleifpapier, 240er Körnung
- Schleifblock
- ggf. Kohlepapier

Strohsterne binden

EINWEICHEN UND BÜGELN

Zuerst die Strohhalme 20 bis 30 Minuten lang in warmem Wasser einweichen, bis sie weich sind.

Dann die Halme mit der Schere aufschlitzen und einzeln auf einem Stapel Zeitungen o.Ä. vorsichtig bügeln. Achtung: Naturstroh knickt beim Bügeln leichter als gebleichtes Stroh. Beim Bügeln die Spitze des Bügeleisens nicht nach unten drücken, damit die Halme keine Knicke und Druckstellen bekommen.

HINWEIS

Das Dampfbügeleisen ist hierfür nicht geeignet, weil die Strohhalme damit nicht glatt werden.

ZUSÄTZLICHE MATERIALIEN UND WERKZEUGE

- Stroh in Natur oder gebleicht
- Faden
- Bügeleisen
- Bügelunterlage (Zeitungen, altes Bügelbrett oder ein mit einem Küchentuch bespanntes Stück Karton)
- spitze Schere
- Klebefilm
- UHU Alleskleber kraft
- Styroporblock oder Korkscheibe
- Stecknadel

STERNE MIT GEBÜGELTEM STROH BINDEN

Die Sterne werden grundsätzlich auf der Sternrückseite gebunden. Da sich das gebügelte Stroh leicht wölbt, ist es einfacher, die Halme auf der Rückseite zu umweben. Geübte Bastler legen den Stern auf den Tisch, weniger Geübte können die Halme mit einer Stecknadel auf eine Styropor- oder Korkscheibe stecken und dann umweben. Zum Binden den Faden unter den Zeigefinger der Hand legen, die den Stern in der Mitte fixiert, und ihn abwechselnd unter den einzelnen Strohhalmen entlangführen.

ZWEI STERNE MITEINANDER VERWEBEN

Zwei Sterne versetzt – Lücke auf Lücke – aufeinander legen und mit einem Faden zusammenbinden.

SPITZEN EINSCHNEIDEN

Die Sternspitzen werden grundsätzlich erst nach dem Binden eingeschnitten. Bei leicht brüchigem Stroh oder seitlichen Einkerbungen ist es ratsam, die Halmenden vor dem Einschneiden mit Klebefilm zu hinterkleben.

Fröbelsterne

Vier 30 cm lange und 1 cm breite Geschenkbänder oder Tonpapierstreifen in der Mitte falten und kreuzförmig ineinander einhängen (Zeichnung 1 und 2). Bitte beachten: Die Bänder auf den Zeichnungen sind nur verkürzt abgebildet!

Damit sich die Bandenden leichter durchstecken lassen, werden sie mit der Schere schräg abgeschnitten. Das obere Bandende nach unten klappen (Zeichnung 3). Nun im Uhrzeigersinn das rechte Bandende nach links (Zeichnung 4), das untere Bandende nach oben (Zeichnung 5) und das linke Bandende nach rechts klappen. Dieses Bandende zusätzlich noch unter dem anfangs nach unten geklappten Bandende durchziehen (Zeichnung 6).

Das linke obere Bandende an der gestrichelten Linie rechtwinklig nach hinten falten (Zeichnung 7). Das jetzt nach links weisende Bandende rechtwinklig nach unten falten (Zeichnung 8). Das jetzt nach unten weisende Bandende an der gestrichelten Linie nach rechts klappen (Zeichnung 9).

Oben ist ein kleiner Sternzacken entstanden. Diesen Zacken nach hinten biegen (kurzer Pfeil). Nun kann das nach unten weisende Bandende nach oben geklappt (langer Pfeil) und unter dem quer verlaufenden Band durchgezogen werden (Zeichnung 10 und 11, siehe außerdem Abbildung).

Die Zeichnungen 12 bis 16 zeigen, wie der zweite Zacken gearbeitet wird. Den dritten und vierten Zacken ebenso arbeiten.

Nun werden die vier Innenzacken gearbeitet. Wieder mit dem oberen Bandende beginnen. Das Bandende nach unten klappen (Zeichnung 17). Das linke Bandende muss nun unter das rechte nach unten weisende Band geschoben werden (Zeichnung 18). Damit die typische plastische Zackenform entsteht, wird das Bandende nach links außen gedreht,

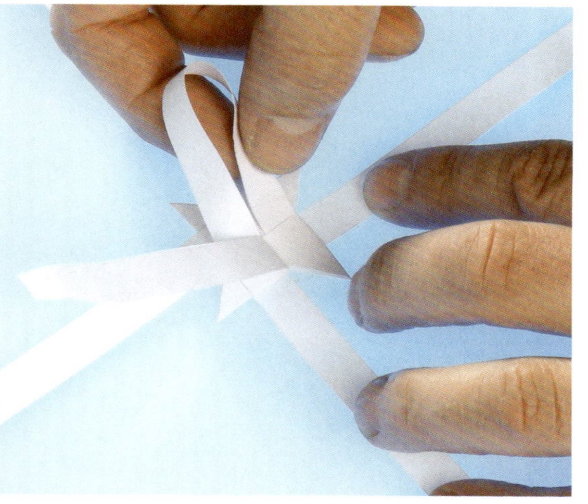

bevor es eingeschoben wird (Zeichnung 19, siehe außerdem Abbildung). Das Bandende durchziehen, bis die Zackenform entsteht (Zeichnung 20). Wird das rechte nach unten weisende Bandende angehoben, wird sichtbar, dass das durchgezogene Band jetzt aus dem nach unten weisenden Zacken ragt (Zeichnung 21).

Für den zweiten Innenzacken das linke nach unten weisende Bandende wie beim anderen Zacken zuerst nach links außen drehen und dann unter dem ersten Zacken durchschieben und -ziehen (Zeichnung 21 und 22). Die beiden anderen Innenzacken ebenso arbeiten (Zeichnung 23).

Mit der Schere die Bandenden, die aus den Zacken ragen, abschneiden (Zeichnung 24). Nun den Stern wenden. Zuerst wieder die Außenzacken arbeiten (vgl. Zeichnung 10 bis 17). Wenn jetzt die Bandenden abgeschnitten werden, ist der Stern an der Unterseite flach und kann beispielsweise auf eine Karte geklebt werden. Ansonsten werden die Innenzacken gearbeitet (vgl. Zeichnung 18 bis 23) und die Bandenden an den Zacken abgeschnitten.

HINWEIS

Die Falzzeichnungen zum Fröbelstern finden Sie auf Seite 59.

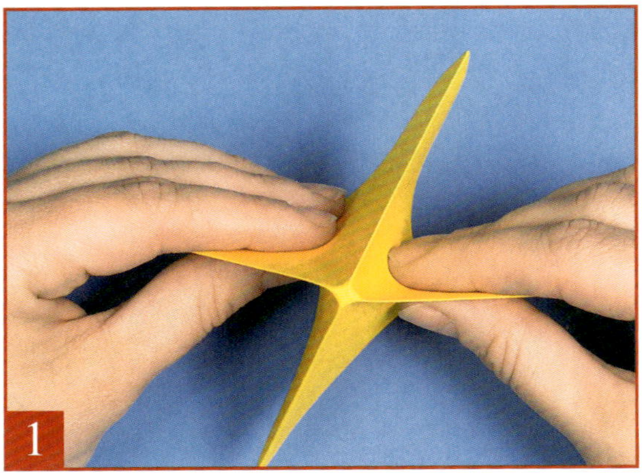

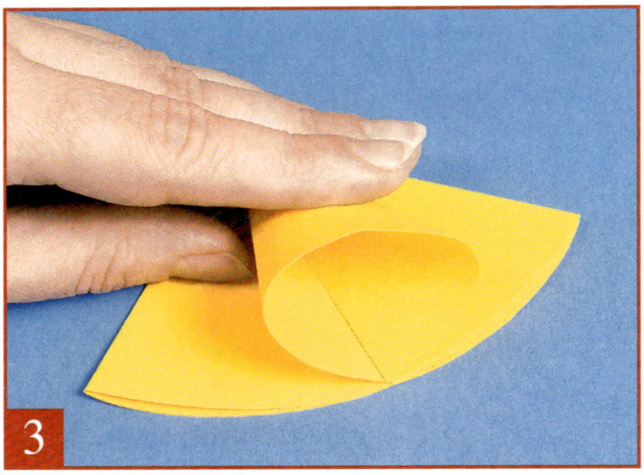

Basisanleitung

WICHTIG

Bei Papieren mit Vorder- und Rückseite muss die Papiervorderseite nach der Faltung immer innen liegen.

MATERIAL

Kreis aus Tonpapier, ø 16 cm

Kreisfaltung

1 Den Kreis in der Mitte falten, die Faltung öffnen, quer zum Falz noch einmal falten und wieder öffnen. Zwei gegenüberliegende Falten fassen und die Figur zusammenschieben.

2 Die Figur auf die Arbeitsfläche legen und je zwei Falzkanten genau aufeinander legen. Die Mitte der Figur flach drücken und glatt streichen. Den Vorgang zur anderen Seite wiederholen. Es sind vier Flügel entstanden.

3 Einen der beiden oberen Flügel zunächst senkrecht stellen, dann öffnen und flach drücken. Bei diesem Vorgang sollten Sie darauf achten, dass alle in der Mitte liegenden Falzkanten genau neben- bzw. übereinander sind. Die Flügelspitze öffnet sich leichter, wenn man ein Schaschlikstäbchen behutsam hineinschiebt.

4 Die Figur umdrehen und den Vorgang wiederholen. Den rechten kleinen Flügel nach links klappen. Die Figur umdrehen und wieder den rechten Flügel nach links klappen.

5 Mit den restlichen großen Flügeln genauso verfahren. Dabei ebenfalls einen der jeweils neu entstandenen kleinen Flügel auf die gegenüberliegende Seite klappen. Der Kreis hat nun acht Falten. Um den Kreis in 16 Falten zu legen, die Schritte 3 bis 5 wiederholen.

HINWEIS

Bei der Weiterverarbeitung wird von der Spitze (= Mitte des Kreises) je nach Modell ein unterschiedlich großes Stück abgeschnitten. Außerdem wird der gefaltete Kreis bei einigen Modellen gewendet, d. h. das Innere kommt nach außen. Bitte die Hinweise und Maßangaben bei den einzelnen Beschreibungen genau beachten.

ZACKENSCHRÄGE (ZS.), RAHMEN UND MUSTER SCHNEIDEN

Beispiel mit einer ZS. von 2 cm

6 Bei einer Falte 2 cm unterhalb vom Rand einen geraden Schnitt bis zum nächsten Falzende ausführen.

7 Die nächste Falte von hinten an die geschnittene Falte anlegen und genauso zuschneiden. Dabei immer nur die zuletzt geschnittene Falte als Vorlage für die nächste nehmen.

8 Den entstandenen Stern wenden. Die Rahmen bzw. das Muster entsprechend der Modellangaben auf eine Falte aufzeichnen und schneiden. Anschließend wie bei Schritt 7 beschrieben weiterarbeiten.

WICHTIG:

Diese Vorgänge sollten etwas geübt werden, damit die Zacken und Muster gleichmäßig werden. Das ist besonders wichtig bei zusammengesetzten Modellen.

Transparente Sterne

in leuchtenden Farben

MOTIVGRÖSSE
ca. 22 cm, 28 cm und 30 cm

MATERIAL FÜR ALLE STERNE
Klebestift

STERN IN GELB
Transparentpapier in Gelb, Zuschnitt: 8 Rechtecke à 15 cm x 6 cm

STERN IN GELB UND ROT
Transparentpapier in Gelb, Zuschnitt: 8 Rechtecke à
14 cm x 7 cm

Transparentpapier in Rot, Zuschnitt: 8 Rechtecke à 12 cm x 8 cm

VORLAGE SEITE 54

Stern in Gelb

Jedes Papierrechteck entlang der Strichpunktlinie längs falten und wieder öffnen. Die Ecken an den gestrichelten Linien nach innen falten. Nur die beiden nach innen gefalteten Ecken oben an der späteren Spitze ankleben (Zeichnung 1).

→→→

Die Längsseiten entlang der gestrichelten Linien nach innen falten und ankleben. Unten werden die beiden nicht angeklebten und nach innen gefalteten Ecken nochmals an den gestrichelten Linien nach innen gefaltet und jetzt angeklebt (Zeichnung 2).

→→→

An der Spitze die beiden Seiten entlang der gestrichelten Linien nach innen falten und ankleben (Zeichnung 3 und 4). Dann die Zacken zu einem Stern zusammenkleben.

Stern in Gelb und Rot

Der Stern besteht aus zwei versetzt aufeinander geklebten Einzelsternen, nämlich dem in Gelb und dem in Rot.

→→→

Zuerst für den gelben Stern die Papierrechtecke an der Strichpunktlinie längs falten und wieder öffnen. Die Ecken an den gestrichelten Linien falten und ankleben (Zeichnung 1). Die beiden Seiten an den gestrichelten Linien nach innen falten und ankleben (Zeichnung 2 und 3).

→→→

Für den roten Stern die Papierrechtecke an der Strichpunktlinie längs falten und wieder öffnen. Die Ecken an den gestrichelten Linien falten, aber nur die beiden oberen Ecken ankleben (Zeichnung 4). Die Seiten an den gestrichelten Linien nach innen falten und ankleben. Unten die nach innen gefalteten Ecken an den gestrichelten Linien erneut nach innen falten und ankleben (Zeichnung 5 und 6).

→→→

Die Zacken zu zwei Sternen zusammenkleben und diese dann versetzt aufeinander kleben.

Lichterkette

für dunkle Winterabende

MOTIVGRÖSSE
je Stern ca. ø 10 cm

MATERIAL
PVC-Transparentfolie, 0,4 mm stark, pro Lämpchen 15 cm x 25 cm

Regenbogen-Strohseide, pro Lämpchen 15 cm x 25 cm

Lichterkette in Weiß oder Transparent

Silberdraht, ø 0,35 mm, pro Lämpchen 10 cm lang

Klebestift

UHU Alleskleber kraft

VORLAGE SEITE 55

Vom Stern und vom Zwischenteil jeweils eine Kartonschablone anfertigen. Den Innenstern mit dem Cutter herausschneiden.

→→→

Pro Stern die Konturen der Sternschablone zweimal mit Bleistift auf die Strohseide übertragen und grob ausschneiden. Aus der PVC-Folie zwei Quadrate, 12 cm x 12 cm groß, ausschneiden und einseitig mit Klebestift bestreichen. Die beiden Strohseidenstücke auflegen und glatt streichen. Die Sterne mit Schere und Cutter ausschneiden und mit der Vorstechnadel jeweils zweimal durchstechen.

→→→

Für die beiden Zwischenstücke die Schablone auf die PVC-Folie legen und mit der Schere den Umriss zweimal nachschneiden. Mit Cutter und Geo®-Dreieck die gestrichelten Linien (jeweils 1 cm vom Rand entfernt) leicht anritzen. Das Kreuz in der Mitte nur bei einem Teil mit dem Cutter einschneiden. Hier wird später die Glühlampe durchgesteckt. Die beiden Zwischenteile an den angeritzten Linien knicken. Die umgeknickten, gepunkteten Flächen mit UHU Alleskleber kraft bestreichen und zwischen die beiden Sterne kleben. Der obere Sternzacken ist durch die beiden Einstiche und das kleine Kreuz gekennzeichnet.

→→→

Das Glühbirnchen der Lichterkette durch den kreuzförmigen Einschnitt des Zwischenteils stecken. Damit das Birnchen nicht herausrutscht, den Draht zu einem U biegen und beide Enden von vorne durch die beiden Einstichlöcher, zwischen die beiden Drähte der Lichterkette und durch die beiden Löcher des gegenüberliegenden Sterns ziehen, mehrmals miteinander verdrehen und kürzen (siehe Abbildung).

TIPP **Die Länge der Lichterkette ist beliebig. Wählen Sie daher einfach eine Lichterkette in der Länge, wie Sie sie für Ihre Dekoration benötigen.**

Glitzersterne

in Gold und Silber

MOTIVGRÖSSE
ca. 12 cm, 20 cm und 23 cm

MATERIAL FÜR ALLE STERNE
ggf. Pinsel
UHU Alleskleber

FÜR DEN KLEINEN STERN IN GOLD
Alukarton in Gold, 15 cm x 15 cm
Strohseide in Weiß mit Goldsternchenaufdruck, 15 cm x 15 cm
Malglitter in Gold

FÜR DEN STERN IN SILBER IN DER MITTE
Alukarton in Silber, 22 cm x 22 cm
Transparentpapier in Weiß, 22 cm x 22 cm
Malglitter in Silber

FÜR DEN GROSSEN STERN IN GOLD
Alukarton in Gold, 25 cm x 25 cm
Strohseide in Weiß mit Goldsternchenaufdruck, 25 cm x 25 cm
Malglitter in Gold

FÜR DEN STERN IN SILBER UNTEN
Alukarton in Silber, 22 cm x 22 cm
Strohseide in Weiß mit Goldsternchenaufdruck, 22 cm x 22 cm
Malglitter in Silber

VORLAGE SEITE 55

Jeweils das auf Transparentpapier abgepauste oder fotokopierte Motiv auf Fotokarton oder dünnen Karton kleben (siehe auch allgemeine Anleitung, „Schablonen fertigen") und mit dem Cutter ausschneiden. Der Alukarton hat eine glänzende und eine matte Seite. Die Schablone auf die matte Seite des Alukartons legen, die äußeren und inneren Konturen mit Bleistift nachziehen und den Stern dann mit dem Cutter ausschneiden. Die teilweise leicht nach oben gewölbten Ränder mit dem Nagelrücken glattstreichen.

→→→

Mit dem Pinsel oder der Fingerspitze den Malglitter auf der matten Kartonseite verteilen.

→→→

Die Schablone des Sternes auf das Transparentpapier bzw. die Strohseide legen und die äußere Kontur mit Bleistift nachziehen. Beim Ausschneiden des Transparentpapier- bzw. Strohseidensterns 1 mm bis 2 mm mehr vom Rand abschneiden, damit er später, nach dem Hinterkleben, von vorne nicht mehr sichtbar ist.

→→→

Die Rückseite, also die glänzende Seite des Alukartonsterns, mit UHU Alleskleber bestreichen. Dann den Transparentpapier- bzw. Strohseidenstern auflegen und glattstreichen.

TIPP **Sie können diese Sterne natürlich auch aus schwarzem Tonkarton ausschneiden und mit buntem Transparentpapier hinterkleben, das sieht ebenfalls sehr schön aus.**

Windowcolorsterne

gelingen auch Anfängern

MOTIVGRÖSSE

ca. 12 cm, 15 cm, 20 cm und 21 cm

MATERIAL FÜR ALLE STERNE

Konturenfarbe in Silber

Adhäsionsfolie, 0,15 mm stark

Haarpinsel, z.B. Nr. 8 (um den Malglitter aufzutragen)

Zahnstocher

Wattestäbchen und Küchentuch

Malglitter in Silber

ZUSÄTZLICH FÜR DEN STERN LINKS IN BLAU

Windowcolor in Kristallklar, Arktis und Hellblau

ZUSÄTZLICH FÜR DEN WEISSEN STERN OBEN

Windowcolor in Kristallklar und Weiß

Glitter Glue in Silber

ZUSÄTZLICH FÜR DEN STERN RECHTS IN BLAU

Windowcolor in Kristallklar, Arktis und Ultramarinblau

zusätzlich für den grossen Stern in Weiss

Windowcolor in Weiß und Glitter-Eis

ZUSÄTZLICH FÜR DEN STERN UNTEN IN WEISS

Windowcolor in Kristallklar und Weiß

ZUSÄTZLICH FÜR DEN GROSSEN STERN

Windowcolor in Weiß und Glitter-Eis

VORLAGE SEITE 56

Den gewünschten Stern fotokopieren und die Adhäsionsfolie auf die Kopie legen. Mit der Konturenfarbe die Linien nachziehen. Dabei sollte die Spitze der Farbflasche die Folie nicht berühren. Die Konturenfarbe mehrere Stunden trocknen lassen. Je höher die Raumtemperatur und je trockener die Luft, desto schneller trocknet die Farbe.

→→→

Beim Ausmalen der Innenflächen zuerst die Kontur einer Innenfläche mit der Windowcolorfarbe nachziehen. Dann in einer Ecke beginnend die Farbe in kreisenden Bewegungen auftragen. Ist die Fläche mit Farbe gefüllt, wird sie nochmals mit einem Zahnstocher in kleinen, kreisenden Bewegungen durchgearbeitet. Dadurch entsteht eine gleichmäßige, glatte Farbfläche. Die anderen Flächen ebenso ausmalen und die Farbe trocknen lassen. Die Windowcolorfarben sind beim Auftrag milchig und werden erst transparent, wenn sie trocken sind. Weiß ist eine Ausnahme, diese Farbe wird nicht transparent. Bitte beachten, dass Windowcolorfarben eine längere Trocknungszeit als die Konturenfarbe haben.

→→→

Bei einigen Sternen Malglitter aus der Flasche auf die trockenen Farbflächen auftragen und mit dem Pinsel verteilen.

→→→

Bei zwei Sternen werden die silbernen Konturen zusätzlich mit Glitter Glue übermalt und Punkte in die Farbflächen getupft.

→→→

Den fertigen Stern mit der Schere ausschneiden und am Fenster glatt streichen.

Roter Schneekristall

Strahlende Schönheit

MOTIVGRÖSSE

ca. 24 cm

MATERIAL

Tonpapier (130 g/m²) in Dunkelrot, 2 x 25 cm x 35 cm

Alu-Bastelfolie in Gold, 25 cm x 35 cm

einseitig beschichtetes Glanzpapier in Rot mit Wellen-Karomuster, 25 cm x 35 cm

Fotokartonrest in Dunkelrot

9 Strasssteine in Rot, ø 9 mm

Nähfaden in Gold

Klebefilm

ZUSCHNITT

2 Kreise aus Tonpapier, ø 20 cm (ZS. mit Steg gemäß Schablone) und 16 cm (ZS. 3 cm)

8 Kreise aus Tonpapier, je ø 6 cm (ZS. 1,1 cm)

3 Kreise aus Alu-Bastelfolie, ø 18 cm (ZS. 3,8 cm), 14 cm (ZS. 2,8 cm) und 7 cm (ZS. 1,5 cm)

8 Kreise aus Alu-Bastelfolie, je ø 5 cm (ZS. 1 cm)

2 Kreise aus Glanzpapier, ø 16 cm (ZS. 3,3 cm) und 12 cm (ZS. 2,5 cm)

2 Kreise aus Fotokarton, ø 5 cm und 3 cm

VORLAGE SEITE 56

BASISANLEITUNG SEITE 8/9

Alle Kreise aus Tonpapier, Alu-Bastelfolie und Glanzpapier falten, von der Spitze (= Kreismitte) je 1 mm abschneiden und wenden. Am größten Kreis aus Tonpapier mithilfe der Schablone die Zackenschräge mit Steg anzeichnen und schneiden (siehe Abb.). An den übrigen Kreisen die Zackenschräge wie jeweils angegeben schneiden. Die entstandenen Sterne so ausbreiten, dass die Papiervorderseite zu sehen ist. Der Mittelfalz der Zacken muss als Tal-Falte liegen.

→→→

Je einen kleinen Stern aus Alu-Bastelfolie auf einen kleinen Stern aus Tonpapier kleben. Die Sterne flach ausgebreitet trocknen lassen. Dazu die Sterne z. B. mit einem Lineal aus Metall beschweren.

→→→

Einen Stern aus Tonpapier, ø 20 cm, einen Stern aus Alu-Bastelfolie, ø 18 cm, und einen Stern aus Glanzpapier, ø 16 cm, der Größe nach aufeinander kleben. Die restlichen vier Sterne ebenfalls der Größe nach aufeinander kleben. Den Dreifachstern mittig auf den Kreis mit ø 5 cm aus Fotokarton kleben. Den Vierfachstern auf dem Kreis mit ø 3 cm befestigen. Anschließend den Vierfachstern versetzt auf den Dreifachstern kleben.

→→→

Die acht kleinen Doppelsterne an den Stegen zwischen der Zackenspitzen des großen Dreifachsterns anbringen. Die Strasssteine wie abgebildet aufkleben. Dazu am besten eine Pinzette verwenden. Auf der Rückseite den Nähfaden mit Klebefilm am Mittelfalz einer Zacke befestigen.

Wellpappesterne

Geschenkanhänger und Teelicht

MOTIVGRÖSSE

Teelichtstern
ø ca. 20 cm
Anhänger
ca. 8 cm hoch

MATERIAL FÜR ALLE MODELLE

Acrylfarbe in Gold

Pinsel

FÜR DEN TEE-LICHTSTERN

Goldstreifen-Wellpappe in Rot, 20 cm x 20 cm

Teelicht

Zirkel

PRO GESCHENK-ANHÄNGER

Goldstreifen-Wellpappe in Rot, 16 cm x 8 cm

Alu-Bastelfolienrest in Gold

Malglitter in Gold

Lurexkordel in Gold, ø 1 mm bis 1,5 mm, Länge nach Belieben

Lochzange

Motivlocher mit Sternmotiv, ø 1,2 cm

UHU Alleskleber

VORLAGE SEITE 57

Teelichtstern

Vom Teelichtstern eine Schablone anfertigen, dabei nur den Sternumriss und den Mittelpunkt aufzeichnen. Die Schablone auf die glatte Rückseite der Wellpappe legen und den Umriss mit Bleistift nachziehen. Den Mittelpunkt durch die Schablone in die Wellpappe stechen. Dann den Stern mit dem Cutter ausschneiden. Durch das Schneiden mit dem Cutter werden die Schnittränder nicht zusammengedrückt.

→→→

Mit dem Zirkel um den Sternmittelpunkt Kreise mit den Radien 1 cm und 2 cm zeichnen. Der größere Kreis muss evtl. noch um 1 mm oder 2 mm erweitert werden, damit das Teelicht hineinpasst. Den Innenkreis mit dem Cutter herausschneiden. Nun vom großen Kreis (gestrichelte Linie) zur Mitte hin mit dem Cutter Einschnitte machen. Damit die Einschnitte alle etwa den gleichen Abstand haben, empfiehlt es sich, zuerst an zwei gegenüberliegenden Stellen zur Mitte hin einzuschneiden. Den „Halbkreis" dazwischen mit einem Schnitt halbieren, den „Viertelkreis" dazwischen wieder halbieren etc.

→→→

Sind die Einschnitte am gestrichelten Ring etwa 3 mm bis 4 mm breit, den Stern wenden und die Zacken nach unten drücken. Das Teelicht einpassen. Abschießend mit dem Pinsel unregelmäßig noch etwas Acrylfarbe auftragen.

Geschenkanhänger

Für die Karten und die Sterne separate Schablonen anfertigen. Ein Doppelpfeil markiert den Verlauf der Wellenstruktur der Wellpappe. Die Strichpunktlinie zeigt den Falz der Karte an. An den paarweise angeordneten zwei bzw. vier parallelen Linien im Innenbereich wird der Geschenkanhänger eingeschnitten, damit der Stern eingesteckt bzw. durchgeschoben werden kann. Diese Einschnitte mit dem Cutter in die Schablone machen.

→→→

Die Kartenschablone auf die glatte Rückseite der Wellpappe legen und die Konturen mit Bleistift nachziehen. Dabei beachten, dass die Karte doppelt so groß ist wie die Schablone! Die Karte mit dem Cutter ausschneiden, wenden und die Schablone auflegen. Mit dem Cutter den Falz anritzen und ggf. die

Einschnitte für die Sterne durch die Schablone in die Wellpappe machen.
Die Karte am Falz knicken und mit der Lochzange lochen.

→→→

Etwas Acrylfarbe auftragen. Die aus Goldfolie ausgeschnittenen bzw. mit dem Locher ausgestanzten Sterne aufkleben oder einstecken. Mit dem Malglitter noch Akzente setzen, indem z.B. der Rand mancher Sterne nachgezogen wird. Zum Schluss die Kordel durch das ausgestanzte Loch ziehen.

TIPP **Zum Verschenken können Sie evtl. noch ein weißes, 6 cm x 6 cm großes Papierquadrat für die Beschriftung in die Karte kleben.**

Adventskalender

24 Tage lang Freude

MOTIVGRÖSSE

großer Stern ø ca. 35 cm

MATERIAL

Alukarton in Gold, 40 cm x 40 cm

Tonpapier in mattem Gold, 20 cm x 20 cm

Tonpapier mit Goldsternchen in Rot und Weiß, jeweils 50 cm x 25 cm

Lurexkordel in Gold, ø 1 mm bis 1,5 mm, ca. 8 m lang

wasserfester Filzstift in Schwarz

ca. 40 Klebekissen, 5 mm x 5 mm

UHU Alleskleber kraft

Motivlocher mit Sternmotiv, 1,2 cm

Lochzange

VORLAGE SEITE 58

Vom großen Stern und dem Zahlenstern jeweils eine Schablone anfertigen und die Umrisse mit Bleistift auf die matte Seite des Alukartons übertragen. Die Bleistiftlinien werden nur leicht eingedrückt, sind aber gut erkennbar. Der kleine Zahlenstern wird 24-mal benötigt. Die Sterne mit Cutter oder Schere ausschneiden und die Löcher im großen Stern mit der Lochzange ausstanzen.

→→→

Die vielen kleinen Sterne mit dem Sternlocher ausstanzen. Der Alukarton ist für den Locher zu dick, deshalb besser Tonpapier dafür verwenden.

→→→

Für die roten und weißen Faltsterne eine Dreiecksschablone mit 14 cm Seitenlänge anfertigen. Den Mittelpunkt M markieren und einstechen. Den Umriss des Dreiecks mit Bleistift auf das Tonpapier übertragen und das Dreieck ausschneiden. Die Schablone auflegen, den Mittelpunkt mit der Vorstechnadel durch die Schablone in das Tonpapierdreieck stechen und die Seitenmitten (Pfeile) auf dem Tonpapier markieren. Die Schablone abnehmen. Eine Ecke des Tonpapierdreiecks an der gestrichelten Linie auf die gegenüberliegende Seite (zum Pfeil) falten. Diese Ecke an der Strichpunktlinie wieder zurückfalten. Die Faltlinie befindet sich knapp vor dem Mittelpunkt, d. h. der Mittelpunkt ist sichtbar. Die Ecke wieder ganz nach außen klappen und mit den beiden anderen Ecken ebenso verfahren. Den Stern im Uhrzeigersinn zusammenfalten, dabei verdeckt bzw. überlappt jede der drei Ecken das Nachbareck auf einer Seite. In den Stern vor dem Zusammenfalten das Geschenk legen. Nun den mit einer Zahl versehenen Goldstern aufkleben und mit der Lochzange ein Aufhängeloch stanzen.

→→→

Den großen Stern an ca. 40 cm Lurexkordel aufhängen. Durch die ausgestanzten Löcher weitere Kordeln ziehen und an den Enden die Faltsterne an binden oder ankleben. Auf der freien Fläche des großen Goldsterns die mit dem Sternlocher ausgestanzten Sternchen anordnen und mit Klebekissen fixieren.

TIPP **Dieser Adventskalender eignet sich vor allem für kleine, feine Geschenke wie Münzen, zusammengefaltete Gutscheine, Gedichte oder Geldscheine.**

23
22
24
21
20
17
14
15
16
18
11
9

Fröbelsterne

ein Klassiker modern interpretiert

MOTIVGRÖSSE
Karte ca. 15 cm hoch
Namensschild
ca. 8 cm hoch
Stern ø ca. 4,5 cm

MATERIAL PRO FRÖBELSTERN
je 2 Tonpapierstreifen in Rot und Weiß, 1 cm breit, 30 cm lang

ZUSÄTZLICH FÜR DIE KARTE
Fotokarton in Rot, 18 cm x 15 cm

Fotokarton in Weiß, 5,5 cm x 4,5 cm

Filzstift in Rot

12 Klebekissen, 5 mm x 5 mm

UHU Alleskleber

ZUSÄTZLICH FÜR DIE TISCHKARTE
Fotokarton in Weiß, 6 cm x 16 cm

Filzstift in Rot

4 Klebekissen, 5 mm x 5 mm

VORLAGE SEITE 59

Die Fröbelsterne werden nach der Bastelanleitung auf Seite 7 und der Vorlage auf Seite 59 gearbeitet. Damit dieses Farbmuster entsteht, weisen nach dem zweiten Arbeitsschritt die roten Papierstreifen nach Nord und Süd und die weißen nach Ost und West.

→→→

Damit die Sterne für die Karten eine flache Unterseite haben, werden nach dem Wenden nur noch die vier fehlenden Außenzacken ergänzt, d.h. die vier Innenzacken einfach weglassen und die überstehenden Papierstreifen abschneiden.

→→→

Für die Karte das rote Kartonrechteck in der Mitte anritzen und zu einer Doppelkarte falten. Das weiße Schild mit Filzstift beschriften und auf die Karte kleben. Die Sterne mit Klebekissen auf der Karte befestigen.

→→→

Für das Namensschild das weiße Kartonrechteck in der Mitte anritzen und zu einem 6 cm x 8 cm großen Doppelkärtchen falten. Das Schild beschriften und mit Klebekissen den Stern anbringen.

TIPP **Die Sterne machen sich auch an einem Weihnachtsbaum sehr gut. Arbeiten Sie hier auch die Zacken auf der Rückseite der Sterne plastisch aus und hängen Sie sie am besten mit rotem oder weißem Faden auf.**

FROHES FEST
LENA

Reisigstern

dekorativ an der Eingangstür

MOTIVGRÖSSE
ca. 60 cm

MATERIAL
dünne, frisch geschnittene Weidenruten, 60 cm bis 70 cm lang

Jutekordel in Rot, ø 2,5 mm bis 3,5 mm, 12 x 40 cm lang

geglühter Blumendraht, ø 0,65 mm

Seitenschneider

Rebschere

VORLAGE SEITE 57

Die Zweige oder Ruten frisch schneiden. Das ist wichtig, weil die Zweige spröde werden und brechen, wenn sie zu trocken sind.

→→→

Aus den Ruten sechs gleich dicke Bündel mit ø 3 cm machen. Jedes Bündel ca. 10 cm von einem Ende entfernt doppelt und straff mit Blumendraht umschlingen. Dann das Bündel bis ca. 10 cm vom anderen Ende entfernt mit dem Draht straff umwickeln. Dieses ebenfalls doppelt umschlingen und den Draht kürzen. Dabei unbedingt darauf achten, dass sehr straff gebunden wird. Die Ruten bzw. Zweige des gebundenen Sterns trocknen und werden dadurch dünner. Das hat zur Folge, dass sich der ganze Stern lockert, wenn er nicht schon beim Binden sehr straff gewickelt wurde.

→→→

Die sechs Bündel parallel nebeneinander legen und mit der Rebschere auf eine Länge kürzen.

→→→

Jeweils drei Rutenbündel zu einem Dreieck legen. Die Enden der Bündel stehen an den Kreuzungsstellen ca. 10 cm über. Die Kreuzungsstellen mehrfach mit Draht umschlingen. Beide Dreiecke versetzt aufeinander legen und mit Draht verbinden.

→→→

Drei ca. 40 cm lange Rutenbündel mit ø ca. 1 cm bis 1,5 cm mit Draht fixieren. Die dünnen Rutenbündel wie abgebildet in die Sternmitte einflechten und mit Draht fixieren.

→→→

Abschließend die Bindestellen des Sterns jeweils dreimal mit der Jutekordel umschlingen und verknoten. Die Knoten befinden sich stets auf der späteren Rückseite des Sterns.

Spansterne

ganz natürlich

MOTIVGRÖSSE

ca. ø 10 cm, 13 cm und 14 cm
Stern mit Schweif ca. 16 cm lang

MATERIAL FÜR ALLE STERNE

Fotokartonrest

Expressholzleim oder UHU Alleskleber kraft

GROSSER STERN

Bastelspanstreifen, 2 cm breit, 10 cm lang, und Rest

7 Rohholzperlen, ø 6 mm

Holzplatine, ø 1,5 cm

MITTLERER STERN

14 Bastelspanstreifen, 2 cm breit, 10 cm lang, und Rest

Motivlocher mit Sternmotiv, ø 1,2 cm

KLEINER STERN

7 Bastelspanstreifen, 2 cm breit, 10 cm lang, und Rest

Motivlocher mit Sternmotiv, ø 1,2 cm

SCHWEIFSTERN (1-TEILIG)

10 Bastelspanstreifen, 2 cm breit, 10 cm lang, und Rest

VORLAGE SEITE 60

Auf den Kartonrest mit dem Zirkel einen Kreis mit ø 4 cm zeichnen, ausschneiden, mit Klebstoff bestreichen, den Spanrest auflegen und den Umriss mit der Schere nachschneiden. Auf diesem Kreis werden später die Spantüten angeordnet und aufgeklebt.

→→→

Für die Spantüten vom Spanband 10 cm lange Stücke abschneiden. Damit der Span nicht bricht und sich gleichmäßig biegen und formen lässt, das Spanstück in der Mitte mit der Fingerspitze mit Wasser etwas anfeuchten. Die Tüte formen, wieder öffnen, etwas Leim oder Klebstoff auftragen, die Tüte erneut formen und zusammenkleben. Mit der Schere die seitlichen Überstände an den gestrichelten Linien abschneiden.

→→→

Auf der beklebten Kartonscheibe den Mittelpunkt markieren und die Tüten anordnen. Bei sechs Tüten in der Mitte bleibt die Kartonscheibe teilweise sichtbar, bei sieben Tüten sieht man die Kartonscheibe nicht mehr.

→→→

Nach Wunsch in die Tüten des Grundsterns einzeln oder paarweise weitere Tüten einkleben.

→→→

Die Sternmitten ggf. mit ausgestanzten Spansternchen oder einer Holzplatine verzieren und die Rohholzperlen in die Mitteltüten des großen Sterns kleben.

TIPP **Sie können diese Sterne auch aus Tonpapier arbeiten. Das ist billiger, in vielen Farben erhältlich und lässt sich sehr einfach verarbeiten.**

Strohsterne

klassisch

MOTIVGRÖSSE
ca. 10,5 cm, 11 cm und 14,5 cm

MATERIAL FÜR ALLE STERNE
Faden in Gold

FÜR DEN STERN OBEN
8 mittlere, gebügelte Halme, 9,5 cm lang
8 sehr dünne, gebügelte Halme, 11 cm lang

FÜR DEN GROSSEN STERN
16 dünne, gebügelte Halme, 14,5 cm lang

16 dünne, gebügelte Halme, 10,5 cm lang

FÜR DEN STERN UNTEN LINKS
8 sehr dünne, gebügelte Halme, 10,5 cm lang

8 mittlere, gebügelte Halme, 9,5 cm lang

FÜR DEN STERN UNTEN RECHTS
4 breite, gebügelte Halme, 7,5 cm lang

4 mittlere, gebügelte Halme, 11 cm lang

8 dünne, gebügelte Halme, 11 cm lang

Stern oben

Aus je vier gleichen Halmen zwei Vierer-Sterne binden. Dann je zwei gleiche Sterne versetzt aufeinander legen und miteinander verweben. Nun den dünnen Stern versetzt auf den breiteren legen und beide Sterne zu einem Stern zusammenbinden. Zum Schluss die Strohhalme wie abgebildet einschneiden.

Großer Stern

Aus je vier gleichen Halmen jeweils Vierer-Sterne weben. Das ergibt je vier Sterne gleicher Länge.Je zwei dieser Sterne zu einem Achter-Stern binden. Das ergibt zwei Sterne gleicher Länge. Diese beiden Sterne wieder versetzt aufeinander legen und zu einem Stern verweben. Man hat jetzt also jeweils einen Stern mit längeren und einen mit kürzeren Halmen. Nun den Stern mit den langen Halmen versetzt auf den mit den kurzen legen und vorsichtig miteinander verweben. Die Halmspitzen wie abgebildet einschneiden.

Stern unten links

Aus je vier gleichen Halmen zwei Vierer-Sterne binden. Je zwei gleiche Sterne versetzt aufeinander legen und miteinander verweben. Den Stern mit den mittleren Halmen auf den mit den dünnen legen. Die dünnen Halme an den Enden spitz zuschneiden. Die mittleren Halme an den Enden v-förmig einschneiden und dann vorsichtig an den Seiten einkerben.

Stern unten rechts

Aus den acht dünnen Halmen zwei Vierer-Sterne arbeiten und beide Sterne versetzt zu einem Stern verweben. Aus den breiten und mittleren Halmen je einen Vierer-Stern binden und beide Sterne versetzt zu einem Stern binden Nun den dünnen Stern versetzt auf den anderen legen und die beiden Sterne miteinander verweben. Die Sternspitzen wie abgebildet einschneiden.

Raffinierte Stohsterne

Der Aufwand lohnt sich

MOTIVGRÖSSE

Stern oben ca. 18,5 cm
Stern unten ca. 14 cm

MATERIAL FÜR ALLE STERNE

Faden in Gold

FÜR DEN STERN OBEN

8 ganze, ungebügelte, eingeweichte Halme, 5,5 cm lang

16 sehr dünne, ganze, trockene Halme oder Binsen, 7 cm lang

32 dünne, gebügelten Halme, 3 cm lang

FÜR DEN STERN UNTEN

8 dünne, gebügelte Halme, 14 cm lang

8 mittlere, gebügelte Halme, 8,5 cm lang (mit Klebefilm hinterklebt)

24 dünne, gebügelte Halme, 3 cm lang

8 mittlere, gebügelte Halme, 4,5 cm lang

VORLAGE SEITE 60

Stern oben

Zuerst acht Sterne aus je vier dünnen, gebügelten Halmen mit 3 cm Länge binden und jeweils an sieben Enden v-förmig einschneiden.

→→→

Aus den eingeweichten, 5,5 cm langen Halmen zwei Vierer-Sterne binden, versetzt aufeinander legen und zu einem Stern verweben. Den Stern mit einem Buch o. Ä. vorsichtig beschweren.

→→→

Nach dem Trocknen des Innensterns in jedes zweite Halmende eine Binse oder einen dünnen Halm einkleben.

→→→

Den Stern umdrehen und in jeden leeren Halm einen Strohstreifen kleben. Nach Zeichnung fortfahren. Die dünnen Halme zwischen die Strohstreifen (nur auf einer Seite = acht Halme) und auf deren Enden die kleinen Sterne kleben.

Stern unten

Zuerst aus den acht mittleren Halmen mit 4,5 cm Länge zwei Vierer-Sterne binden. Diese versetzt aufeinander legen, zu einem Achter-Stern binden und die Halmenden zu Spitzen schneiden.

→→→

Dann aus den dünnen 14 cm langen Halmen und den mittleren 8,5 cm langen Halmen jeweils zwei Vierer-Sterne binden. Je zwei gleiche Sterne zu einem Stern verweben. Beide Sterne nun so versetzt aufeinander legen, dass der kleine Stern oben liegt, und verweben.

→→→

Bei jedem zweiten langen Halm auf das Ende drei 3 cm lange Halme legen und zusammen mit dem langen Halmende des Sterns zu einem Stern binden.

→→→

Dann die Halme wie abgebildet einschneiden und zum Schluss den kleinen Achter-Stern aufkleben.

Sperrholzsterne

Wandstern und Kerzenhalter

MOTIVGRÖSSE
ca. 24 cm

MATERIAL FÜR BEIDE STERNE
Bohrer, ø 3 mm
Sonnenblumenöl oder Acrylfarbe
Pinsel oder Schwämmchen

FÜR DEN KERZENHALTER
Pappelsperrholz, 4 mm stark, 10 cm x 10 cm
Pappelsperrholz, 6 mm stark, 25 cm x 25 cm
ggf. Kerzenhalter aus Glas oder Metall
Kerze, ø 3 cm

FÜR DEN WANDSTERN
Pappelsperrholz, 4 mm stark, 8 x 6 cm x 6 cm und 10 cm x 10 cm
Pappelsperrholz, 6 mm stark, 25 cm x 25 cm

VORLAGE SEITE 60/61

Von allen Motivteilen Kartonschablonen anfertigen und die Umrisse mit Bleistift auf das Sperrholz übertragen.

→→→

Zuerst den Umriss des großen Sterns aussägen. Um den Innenstern aus dem großen Stern herauszusägen, zuerst mit dem 3-mm-Bohrer ein Loch in die mit einem Kreuz markierte Stelle bohren. Das Sägeblatt der Laub- bzw. Dekupiersäge auf einer Seite lösen, durch das Loch im Stern stecken und wieder an der Säge fixieren. Den Innenstern heraussägen (siehe Abbildung) und das Sägeblatt wieder lösen.

→→→

Nun die Mittelsterne bzw. die kleinen Sterne aussägen. Falls die Sägekanten nicht gerade sind, werden sie mit der Feile korrigiert. Es folgt das Glätten der Ränder mit dem Schleifpapier. Dazu einen Streifen Schleifpapier auf einen Schleifblock spannen und die äußeren Zacken glätten. Für den Innenstern und die kleinen Sterne einen Schleifpapierstreifen um die Feile wickeln und damit die Ränder nachfeilen und glätten.

→→→

Den Innenstern und die kleinen Sterne anleimen.

→→→

Den fertigen Stern mit Sonnenblumenöl o. Ä. einlassen. Dazu das Öl entweder mit einem Pinsel oder einem Schwämmchen auftragen. Das Holz bekommt dadurch einen leichten Glanz und einen wärmeren Farbton. Alternativ kann der Stern auch mit Acrylfarbe bemalt werden. Aus Sicherheitsgründen kann bei dem Kerzenhalter auf den Innenstern mit UHU Alleskleber kraft noch ein Kerzenhalter aus Glas oder Metall befestigt werden, in den die Kerze gestellt wird.

TIPP **Schneiden Sie das Schleifpapier nicht mit einem Messer oder einer Schere, weil diese dadurch stumpf werden. Falten Sie stattdessen das Schleifpapier an der gewünschten Stelle, legen Sie ein Lineal o.Ä. an die Faltlinie, drücken Sie dieses an und reißen Sie das Schleifpapier ab.**

Holzsterne

dekorativ

MOTIVGRÖSSE
Stern mit Glöckchen ca. 9 cm

MATERIAL
Pappelsperrholz, 6 mm stark, 11 cm x 11 cm

Acrylfarbe in Orange, Korallenrot und Gold

Filzstift in Braun, ø 1 mm bis 2 mm

Golddraht, ø 0,5 mm, 5 cm (Glöckchen befestigen) und 40 cm lang (für die Aufhängung)

Messingglöckchen, ø 1,2 cm

Bohrer, ø 1 mm und 3 mm

Pinsel

VORLAGE SEITE 60

Eine Schablone des Sterns anfertigen und den Umriss mit Bleistift auf das Sperrholz übertragen.

→→→

Dann zuerst die Innenfläche heraussägen. Dazu in die Fläche, die herausgesägt werden soll, mit dem 3-mm-Bohrer ein Loch bohren, das Sägeblatt der Laub- oder Dekupiersäge auf einer Seite lösen, durch das Loch stecken und wieder an der Säge fixieren. Nun die Innenfläche heraussägen. Anschließend das Sägeblatt wieder lösen, aus dem gesägten Loch ziehen und wieder an der Säge fixieren. Den Umriss des Sterns aussägen. Die Sägekanten evtl. mit der Feile korrigieren und dann die Ränder mit Schleifpapier glätten.

→→→

Die Vorder- und Rückseite des Sterns in Orange anmalen und etwas Rot in die bereits aufgetragene feuchte Farbe einarbeiten. Die Ränder in Gold anmalen. Mit dem Filzstift in unregelmäßigen Abständen senkrechte braune Linien und Kreuzchen aufmalen.

→→→

Jeweils ein Loch für den Aufhänge- und den Glöckchendraht bohren. Den Stern aufhängen und das Glöckchen in der Sternmitte fixieren.

TIPP **Hübsch sieht es auch aus, wenn Sie mehrere Sterne zu einer Kette oder Girlande verbinden und am Fenster oder am Türrahmen befestigen.**

Schneekristall-Kette

frostig-edel

MOTIVGRÖSSE

einzelner Stern ø ca. 5,5 cm gesamte Kette ca. 29 cm lang

MATERIAL

Pappelsperrholz, 4 mm stark, 4 x 7 cm x 7 cm

Acrylfarbe in Weiß

14 Rocailles in Weiß-Opak, ø 2 mm

12 Swarovski®-Kristall-Schliffperlen in Transparent, ø 4 mm

2 Swarovski®-Kristall-Schliffperlen in Transparent, ø 6 mm

Swarovski®-Kristall-Schliffperle in Transparent, ø 8 mm

Deko-Ice in Kristall

Silberdraht, ø 0,3 mm, 4 x 15 cm lang

Bohrer, ø 1 mm

VORLAGE SEITE 61

Vom Eiskristall eine Schablone anfertigen und den Umriss mit Bleistift auf das Sperrholz übertragen.

→→→

Die Kristalle aussägen, die Ränder mit einer Feile und Schleifpapier glätten und die Aufhängelöcher bohren.

→→→

Die Kristalle weiß bemalen. Dann die Ränder mit Schleifpapier wieder anschleifen, sodass das Holz durchschimmert (siehe Abbildung). Das Deko-Ice auftragen.

→→→

Am Eiskristall einen bzw. zwei Silberdrähte befestigen und wie abgebildet im Wechsel Rocailles und Swarovski®-Perlen auffädeln, bevor der nächste Eiskristall angedrahtet wird.

TIPP **Anstelle der Swarovski®-Kristall-Schliffperlen können auch gut die viel günstigeren Brilliant-Schmuck-Schliffperlen oder Plastikperlen aufgefädelt werden.**

Flache Foliensterne

zieren jedes Fenster

MOTIVGRÖSSE
ca. 6 cm, 7 cm, 8 cm, 9 cm und 15,5 cm

MATERIAL PRO STERN MIT GEPRÄGTER BASTELFOLIE
Alu-Bastelfolie mit eingeprägten Sternchen in Silber bzw. Hellblau, 10 cm x 10 cm bzw. 20 cm x 10 cm

UHU Alleskleber kraft

Cutter mit Schneideunterlage

PRO GEFALTETEM STERN
zweifarbige Alu-Bastelfolie, 15 cm x 15 cm

VORLAGE SEITE 64

Sterne mit geprägter Bastelfolie

Die Sternvorlage abpausen oder fotokopieren, auf Karton aufkleben und mit dem Cutter ausschneiden. Dabei neben den Dreiecken in den Zacken auch die sechseckigen Innenflächen herausschneiden. Die Schablone auf die Alufolie legen und die Konturen mit Bleistift nachziehen. Für den Innenstern die gestrichelten Linien mit dem Cutter nachschneiden, dann die Zacken aufklappen. Auf diese Art und Weise wird der einfache blaue Stern oben in der Mitte gearbeitet. Für die anderen Sterne aus der Bastelfolie mit den eingeprägten Sternchen werden jeweils zwei Sterne versetzt aufeinander geklebt. Dabei beim kleinen blauen Stern links oben einmal nur den Umriss ausschneiden. Beim zweiten Stern die Mitte aufklappen. Beide Sterne versetzt aufeinander kleben.

→→→

Für den silbernen Stern links im Bild den Stern von Punkt 1 zweimal ausschneiden, aber nur bei einem Stern die Mitte aufklappen.

→→→

Für den kleinen blauen Stern links unten nur bei einem Stern die Zacken, aber bei beiden Sternen die Mitte aufklappen.

Gefaltete Sterne

Das Folienquadrat in der Mitte falten (Zeichnung 1). Die beiden unteren Ecken entlang der gestrichelten Linien nach oben und zur Mitte (Strichpunktlinie) falten (Zeichnung 2). Nun die rechte Hälfte des Dreiecks entlang der jetzt verdeckten Strichpunktlinie nach hinten umklappen (Zeichnung 3).

→→→

Auf das entstandene kleine Dreieck die Schablone legen (Zeichnung 4 und 5). Entweder die Konturen mit Bleistift aufzeichnen oder mit dem Cutter direkt an der Schablone entlang schneiden. Achtung, nur die durchgezogenen Linien sind Schnittlinien. An den kurz gestrichelten Linien werden die geschnittenen Stege umgeklappt. Kleine gebogene Pfeile markieren die Faltrichtung. Den Stern auffalten.

Goldfoliensterne

prachtvoll

MOTIVGRÖSSE
ca. 7 cm und 10 cm

MATERIAL PRO STERN
Alu-Prägefolie in Gold, 0,15 mm stark, 10 cm x 10 cm bzw. 7 cm x 7 cm

Metalldrückwerkzeug mit kleiner und großer Kugel

Klebefilm

UHU Alleskleber kraft

VORLAGE SEITE 62

Das Motiv abpausen oder fotokopieren, grob ausschneiden und mit Klebefilm auf die Folie kleben.

Das Ganze auf die Schneideunterlage (oder Moosgummiplatte, 2 mm stark) legen. Mit der kleinen Kugel des Drückwerkzeugs und dem Geo®-Dreieck die durchgezogenen Linien der Vorlage nachziehen. Wie tief die Prägung ist, hängt von der Nachgiebigkeit der Unterlage und vom Druck, der auf das Werkzeug ausgeübt wird, ab. Kreise und größere Punkte ebenfalls eindrücken. Für das flächige Herausarbeiten des Mittelsterns des mittleren Sterns das Drückwerkzeug mit der großen Kugel nehmen.

Die Vorlage abnehmen. Die kleinen Punkte am Rand und im Sternenzentrum entweder mit der kleinen Kugel des Drückwerkzeugs eindrücken oder mit der Vorstechnadel durchstechen. Die kurzen Striche ebenfalls eindrücken.

Den Stern mit der Schere ausschneiden.

Den Stern umdrehen. Die eingeprägten Linien wölben sich nach oben. Mit dem Cutter die Goldfarbe von den nach oben gewölbten Linien und Punkten abschaben, damit das silberfarbene Aluminium sichtbar wird. Dabei mit der so genannten Abbruchkante der Cutterklinge schaben (siehe Abbildung).

Die Sterne mit den abgerundeten Spitzen nach dem Prägen und Ausschneiden mit UHU Alleskleber Kraft versetzt aufeinander kleben.

TIPP **Bis auf das Herausarbeiten des Mittelsterns können sämtliche Prägearbeiten auch mit einem leer geschriebenen Kugelschreiber gemacht werden. Für das Herausdrücken des Mittelsterns eignet sich ein Drückwerkzeug mit einer großen Kugel am besten.**

Filzsterne

ein Hauch von Orient

MOTIVGRÖSSE
ca. 11,5 cm

MATERIAL PRO STERN

Filz in Rot, Gelb und ggf. Orange, 0,8 mm bis 1 mm stark, 4 cm x 4 cm, 7 cm x 7 cm und 2 x 13 cm x 13 cm

7 Brillant-Schliffperlen in Rosenquarz, ø 5 mm

12 Rocailles in Transparent-Orange, ø 2,6 mm

12 Glasstifte in Rot, 2 cm lang

Kordel in Orange/Gold, ca. 60 cm lang

UHU Alleskleber kraft

Nadel und Faden in Orange

FÜR DIE AUSGESTOPFTEN STERNE

Schafwolle oder Watte

Perlgarn in Orange oder Rot

VORLAGE SEITE 61

TIPP

Die genähten Sterne sind auch ohne Perlen als Nadelkissen ein willkommenes Geschenk.

Von den Sternen Schablonen herstellen, auf Filz übertragen und ausschneiden.

→→→

Für den Stern ganz links im Bild die beiden großen Sterne versetzt aufeinander legen und mit wenig Klebstoff zusammenkleben. Den mittelgroßen und den kleinen Stern wie abgebildet ebenfalls vorsichtig aufkleben, damit der Klebstoff nicht durchdrückt.

→→→

Als Verzierung eine Rocaille an einer mit X gekennzeichneten Stelle auf dem großen Stern festnähen. Nun einen Glasstift auffädeln und an der Sternspitze eine Rocaille festnähen. Es werden jeweils nur die Rocailles festgenäht und die Glasstifte immer aufgefädelt. Abschließend den Faden vernähen. In die Zwischenräume zwischen den Sternspitzen des mittleren Filzsterns und den genähten Perlen-Sternspitzen jeweils eine Brillant-Schliffperle festnähen oder ankleben. Ebenso in die Mitte des kleinen Sterns eine Brillant-Schliffperle kleben.

→→→

Für die beiden anderen Sterne im Bild jeweils zwei gleichfarbige große Sterne deckungsgleich aufeinander legen und mit Perlgarn im Knopflochstich zusammennähen. Dazu das Garn mit einem Knoten versehen. Von hinten nach vorne, ca. 5 mm vom Rand entfernt, durch den Filz stechen und durchziehen. Das gleiche nochmals von hinten nach vorne an der gleichen Einstichstelle wiederholen, jedoch die Nadel jetzt nicht ganz durchziehen und den Faden direkt nach der Nadel nach vorne um die Nadelspitze legen (= erster Stich). Für den zweiten Stich von hinten nach vorne die Nadel halb durchstechen, den Faden um die Nadelspitze legen und durchziehen. So fortfahren, bis der Stern umknüpft ist, und den Faden verknoten. Bevor die letzte Spitze geschlossen wird, etwas Schafwolle in der Sternmitte verteilen. Dann die Sterne wie oben beschrieben verzieren.

→→→

Zum Schluss die Aufhänge-Kordel annähen oder festkleben.

Modellierte Sterne

rustikal

MOTIVGRÖSSE

ø ca. 3,5 cm, 4,5 cm und 6 cm
Stern mit Schweif ca. 7,5 cm lang

MATERIAL FÜR ALLE STERNE

lufttrocknende Modelliermasse in Terrakotta

Stern-Ausstechformen, ø 3,5 cm, 4,5 cm und 6 cm

Stern-Ausstechform mit Schweif, 7,5 cm lang

pro Stern 5 bis 6 Perlen, z. B.

– Swarovski®-Kristall-Schliffperlen in Orange, ø 4 mm

– oder Glasschliffperlen in Orange, ø 4 mm

– oder Wachsperlen in Weiß, ø 3 mm

– oder Rocailles in Orange, ø 2,6 mm

– oder Rocailles mit Silbereinzug in Türkis, ø 4 mm

ggf. Swarovski®-Kristall-Schliffperle in Orange, ø 6 mm

ggf. Sternchenperle in Orange, ø 1 cm

Effektdraht in Kupfer, ø 0,22 mm

Glitter-Glue in Silber

Wellholz

ggf. Glasbrettchen

Drahtrest oder Schaschlikstäbchen

Die Modelliermasse mit dem Wellholz auf einer glatten Unterlage, am besten auf einem Glasbrettchen, ca. 2 mm dick auswellen. Mit Ausstechformen verschiedene Sterne ausstechen und die Ränder glattstreichen. Mit einem Drahtrest oder Schaschlikstäbchen die Aufhängeöse einstechen und die Sterne über Nacht trocknen lassen.

→→→

Die Sterne mit Glitter-Glue überstreichen und wieder trocknen lassen.

→→→

Auf ein ca. 50 cm langes Stück Effektdraht die Perlen auffädeln. Ein Drahtende durch die Aufhängeöse ziehen. Mit dem restlichen Draht die Sterne beliebig kreuz und quer umwickeln und dabei die Perlen unregelmäßig anordnen. Unbedingt den Drahtanfang festhalten, sonst rutschen die Perlen wieder vom Draht.

→→→

Bei Sternen mit einer ausgestochenen Sternmitte ggf. abschließend den Draht senkrecht nach unten führen und eine größere Perle (Swarovski®-Perle mit ø 6 mm oder Sternchenperle) aufziehen. Dann den Draht auf der Sternrückseite durch einen Querdraht ziehen und durch die Perle wieder nach oben fädeln.

→→→

Oben als Aufhängeöse Drahtanfang und -ende nach ca. 8 cm zusammenknoten.

TIPP **Aus diesen Sternen kann auch eine dekorative Sternkette zusammengefügt werden. Hierfür gleich zu Beginn in alle Sterne bis auf den ersten und letzten immer zwei gegenüberliegende Aufhängelöcher einstechen. Werden die Sterne als Christbaumschmuck verwendet, ist es ratsam, beide Seiten mit Perlen zu verzieren.**

Tischdeko

sehr dezent

MATERIAL

Tonpapier in Dunkelblau, 15 cm x 22 cm

Alu-Bastelfolie in Silber, 15 cm x 15 cm

Alu-Bastelfolie mit Sternenmuster in Silber, 15 cm x 22 cm

3 Strass-Steine in Transparent, ø 5 mm

ZUSCHNITT

je 1 Kreis in Dunkelblau, ø 6 cm, 8 cm und 10 cm

Kreise in Silber, 1 x ø 6 cm und 2 x ø 8 cm

Kreis aus Alu-Bastelfolie mit Sternenmuster in Silber, ø 6 cm

2 Kreise aus Alu-Bastelfolie mit Sternenmuster in Silber, ø 10 cm

3 Kreise aus Tonpapier, ø 4 cm

BASISANLEITUNG SEITE 8/9

Die Kreise mit ø 6 cm, 8 cm und 10 cm gemäß Basisanleitung 1 falten. Von der Spitze jeweils 1 mm abschneiden, wenden und wie folgt die Zackenschräge schneiden: bei den kleinen Teilen 1,2 cm, bei den mittleren 1,4 cm und bei den großen 1,6 cm.

→→→

Jeweils drei verschieden große Sterne aus den unterschiedlichen Papieren der Größe nach aufeinander kleben. Den nun entstandenen Stern auf einen kleinen Tonpapier-Kreis (ø 4 cm) kleben.

→→→

Die Mitte rund um das kleine Loch so eng zusammenschieben, dass das Loch nicht mehr sichtbar ist. In die Mitte jeweils einen Strassstein kleben.

TIPP **Arbeiten Sie die Sterne in verschiedenen Papier- und Farbkombinationen. Mit den drei unterschiedlichen Papieren können Sie sechs verschiedene Streusterne falten! Eine dezente, aber sehr stilvolle Dekoration für Ihre Weihnachtstafel!**

Perlensterne in Türkis

Filigrane Schönheiten

MOTIVGRÖSSE

Stern oben ø 8 cm
Stern unten ø 9 cm

MATERIAL STERN OBEN

132 Perlen in Silber, ø 3 mm (= Ps3)

48 Glasstifte in Türkis, 7 mm x 2 mm (= GSt)

12 Oliven in Silber, 8 mm x 4 mm (= Os)

Silberdraht, ø 0,3 mm, 1,50 m lang

STERN UNTEN

24 Wachsperlen in Türkis, ø 3 mm (= WPt3)

96 Perlen in Silber, ø 4 mm (= Ps4)

24 Glasstifte in Türkis, 7 mm x 2 mm (= GSt)

Silberdraht, ø 0,3 mm, 1,40 m lang

VORLAGE SEITE 63

Stern oben

12 Ps3 auf den Draht fädeln, zu einem Ring formen, das kurze Drahtende verdrehen und zurückfädeln.

→→→

1 Ps3, 1 GSt, 3 Ps3, 1 GSt, 3 Ps3 und 1 Os auffädeln. Den Draht straff ziehen, das Drahtende an der Olive entlang zurückspannen, durch die drei bestehenden Ps3 zurückfädeln, 1 GSt, 3 Ps3 und 1 GSt aufziehen und wieder durch die letzte Ps3 fädeln. Am Ring an der gleichen Stelle, wie die Zacke begonnen wurde, den Draht durch die nächste Perle ziehen und die restlichen elf Zacken fädeln.

→→→

Jede zweite Zacke nach oben biegen und die einzelnen Sternspitzen etwas auseinander ziehen. Das Drahtende verdrehen und zurückfädeln.

Stern unten

Auf den Draht 18 Ps4 auffädeln und ein Drahtende nach 10 cm verdrehen und zurückfädeln.

→→→

Auf das lange Ende 1 Ps4, 1 WPt3, 1 Ps4, 1 GSt, 1 Ps4, 1 WPt3 und 3 Ps4 fädeln. Den Draht straff anziehen und zurücklegen, so entsteht eine Sternspitze. Den Draht durch die bestehende WPt3 ziehen. 1 Ps4 und 1 GSt aufziehen und wieder durch die bestehenden drei Perlen (= 1 Ps4, 1 WPt3 und 1 Ps4) ziehen. Den Draht am Ring an der gleichen Stelle, an der die Sternspitze begonnen wird, durch die nächste Perle ziehen und elf weitere Sternspitzen genauso auffädeln.

→→→

Das Drahtende verdrehen und über mehrere Perlen zurückfädeln

Perlensterne in Lila

zauberhaft

MOTIVGRÖSSE

einfacher Stern mit Glasstiften ø 8 cm

kleiner Stern ø 6 cm

Stern mit Oliven und Glas-Schliffperlen ø 8 cm

KLEINER STERN

36 Wachsperlen in Lila, ø 3 mm (= WPl3)

6 Wachsoliven in Lila, 6 mm x 3 mm (WOl)

30 Perlen in Silber, ø 4 mm (= Ps4)

Silberdraht, ø 0,3 mm, 70 cm lang

STERN MIT OLIVEN UND GLAS-SCHLIFF-PERLEN

24 Glasschliffperlen in Bergkristall, ø 6 mm (= GPb)

30 Wachsoliven in Lila, 6 mm x 3 mm (= WOl)

30 Wachsperlen in Weiß, ø 3 mm (WPw3)

Silberdraht, ø 0,3 mm, 1 m lang

VORLAGE SEITE 63

Kleiner Stern

12 Ps4 auf den Draht fädeln, zum Ring formen und straff anziehen. Das 10 cm lange Anfangsstück verdrehen und zurückfädeln.

→→→

Auf den langen Draht 1 WPl3, 1 Ps4, 2 WPl3, 1 Ps4 und 1 WOl fädeln. Den Draht an der Olivenaußenseite zurück legen, durch die bestehende Ps4 ziehen und wieder 2 WPl3, 1 Ps4 und 1 WPl3 auffädeln.

→→→

Am Ring den Draht nach einer Perle durch die nächste ziehen und die restlichen fünf Spitzen genauso fädeln. Den Draht zusammendrehen und über mehrere Perlen zurückfädeln

Stern mit Oliven und Glas-Schliffperlen

6 GPb im Wechsel mit 6 WPw3 zu einem Ring auffädeln, das kurze Drahtende verdrehen und zurückfädeln.

→→→

Auf den langen Draht 1 WOl, 1 WPw3, 1 GPb, 1 WPw3, 1 WOl, 1 GPb und 1 WOl fädeln. Den Draht an der Olive entlang zurücklegen, durch die bestehende GPb ziehen und wie abgebildet mit den Perlen fortfahren.

→→→

Am Ring den Draht nach der GPb durch die WPw3 ziehen und die restlichen Spitzen genauso fädeln. Zum Schluss den Draht straff verdrehen und zurückfädeln.

Vorlagen

Transparente Sterne

Seite10

Faltskizze

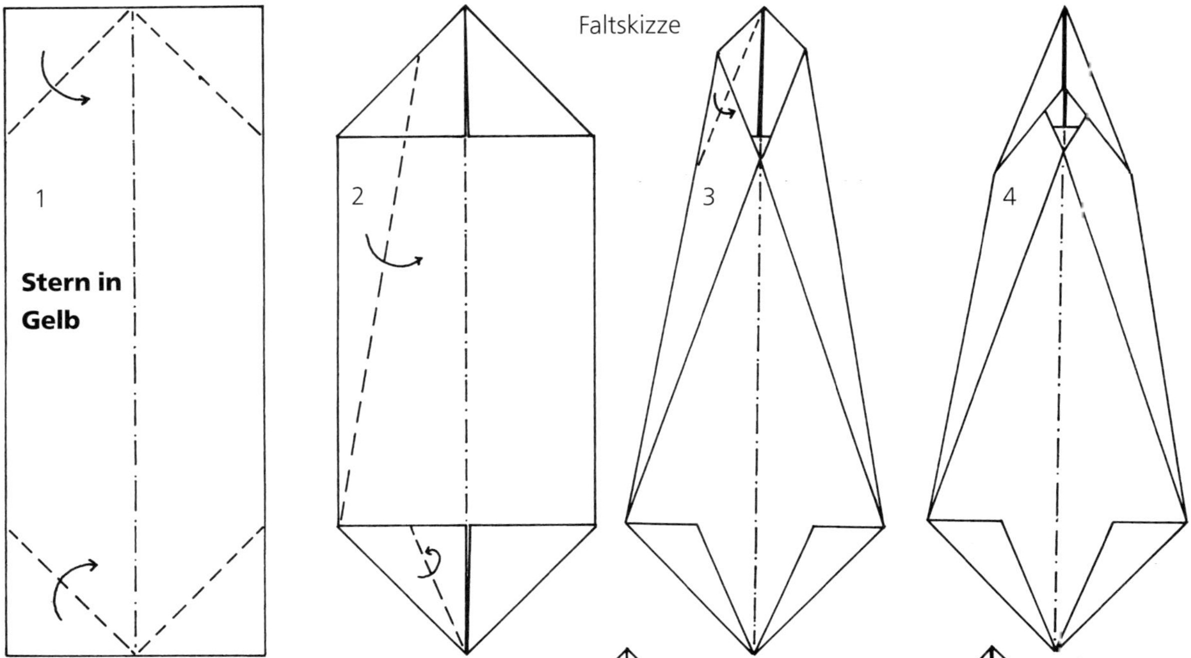

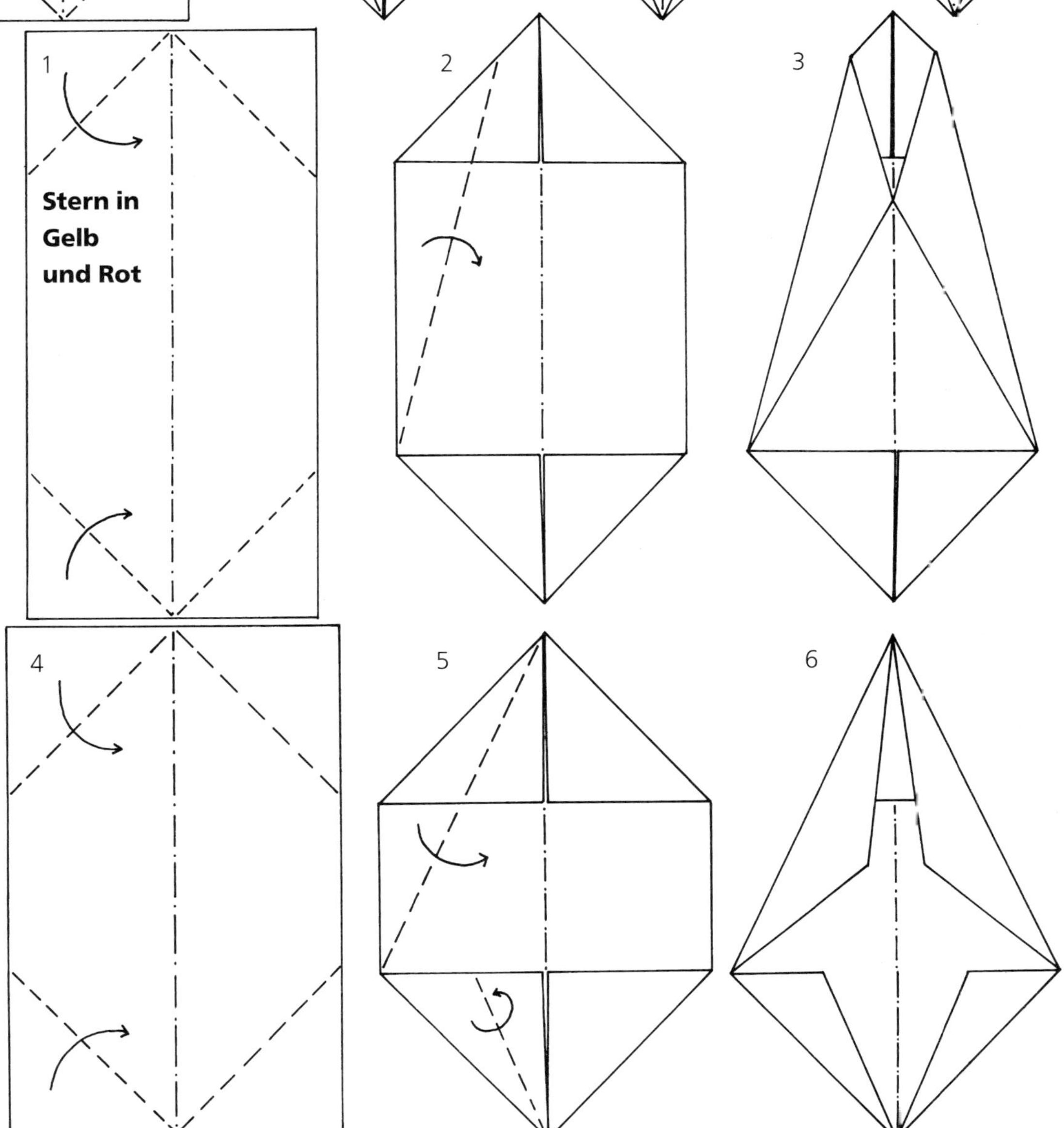

Lichterkette

Seite 12

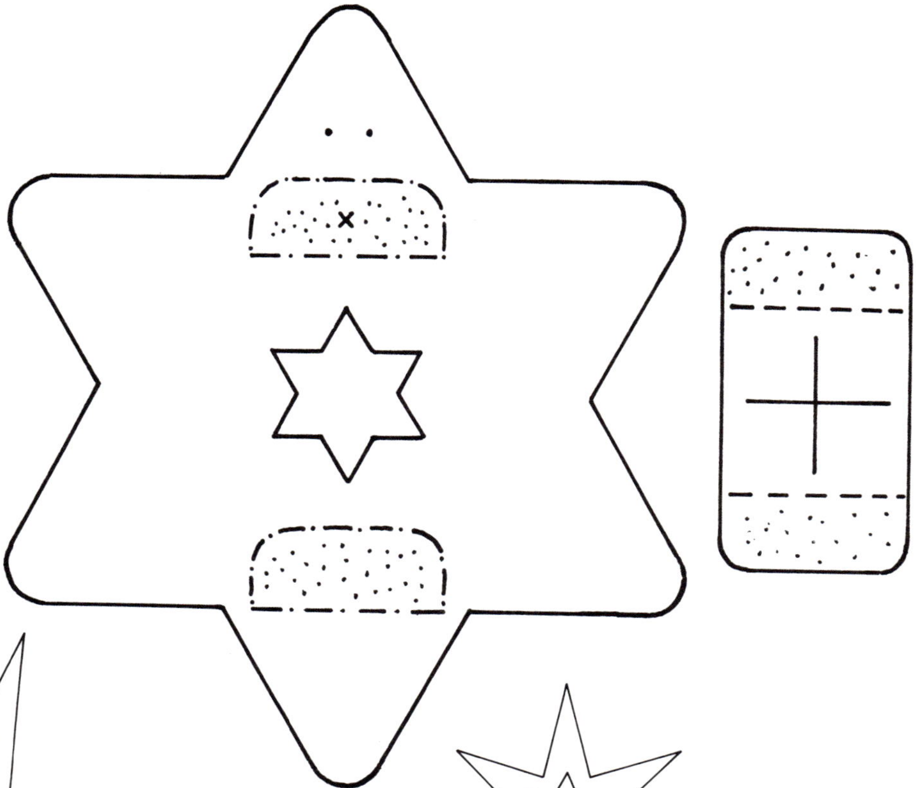

Glitzersterne

Seite 14

bitte auf 200 % vergrößern

Windowcolor-sterne

Seite 16

bitte auf 200 % vergrößern

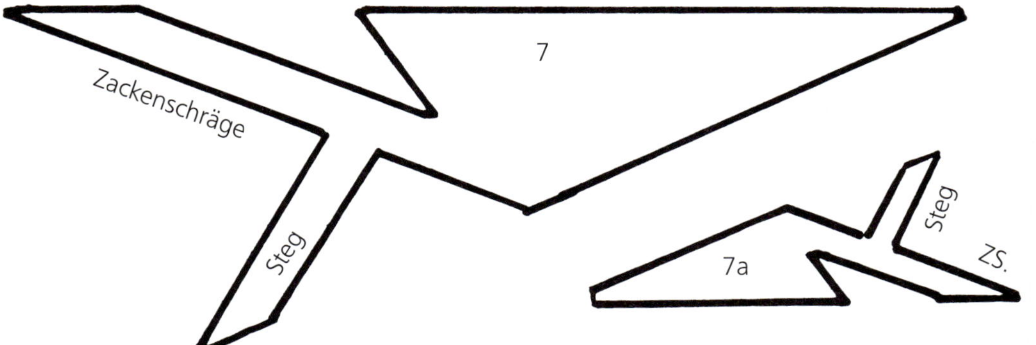

Roter Schneekristall

Seite 18

Schnittvorlage

Wellpappesterne

Seite 20
bitte auf 200 %
vergrößern

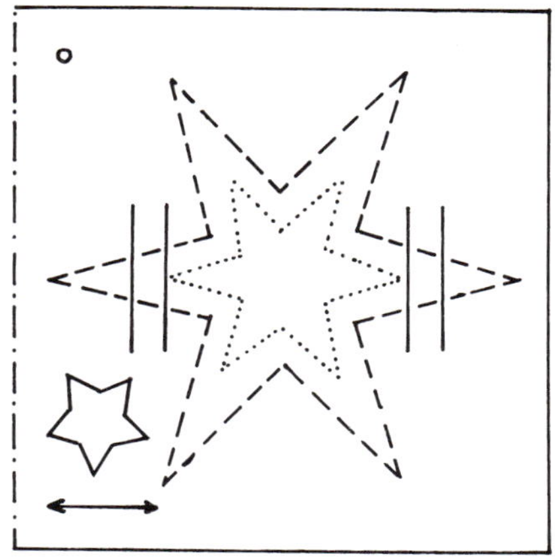

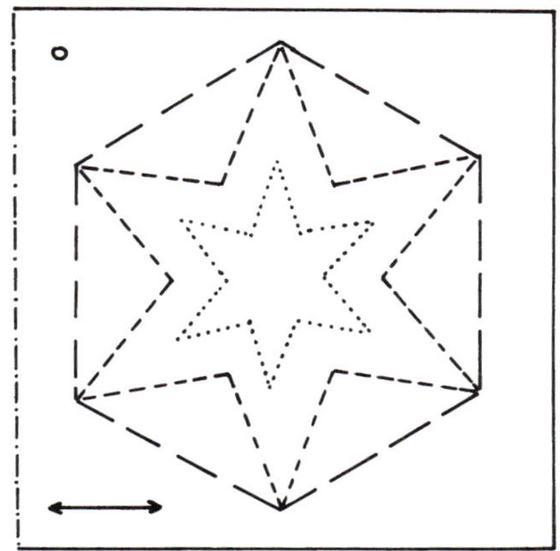

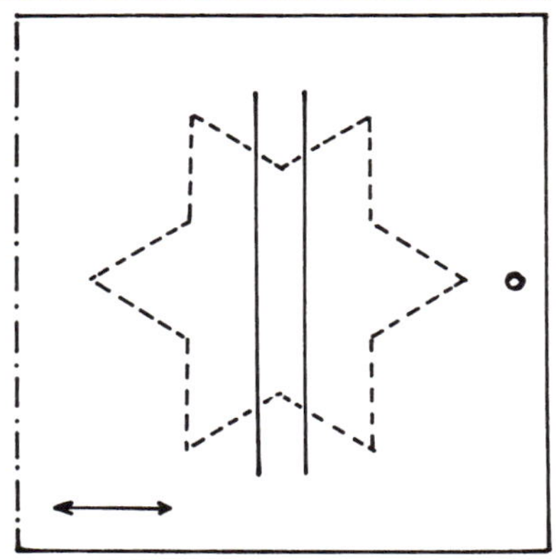

Reisigstern

Seite 26
Bindeskizze

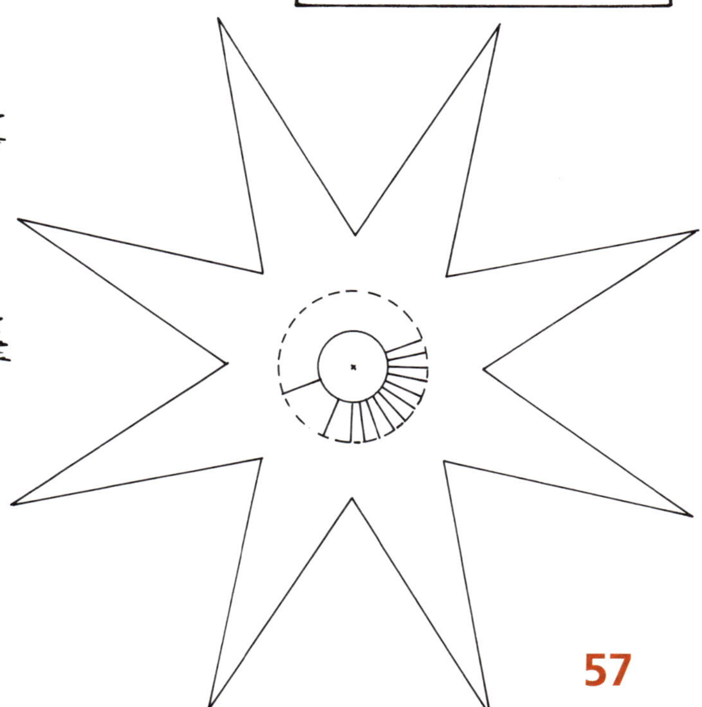

Adventskalender

Seite 22

bitte auf 200 % vergrößern

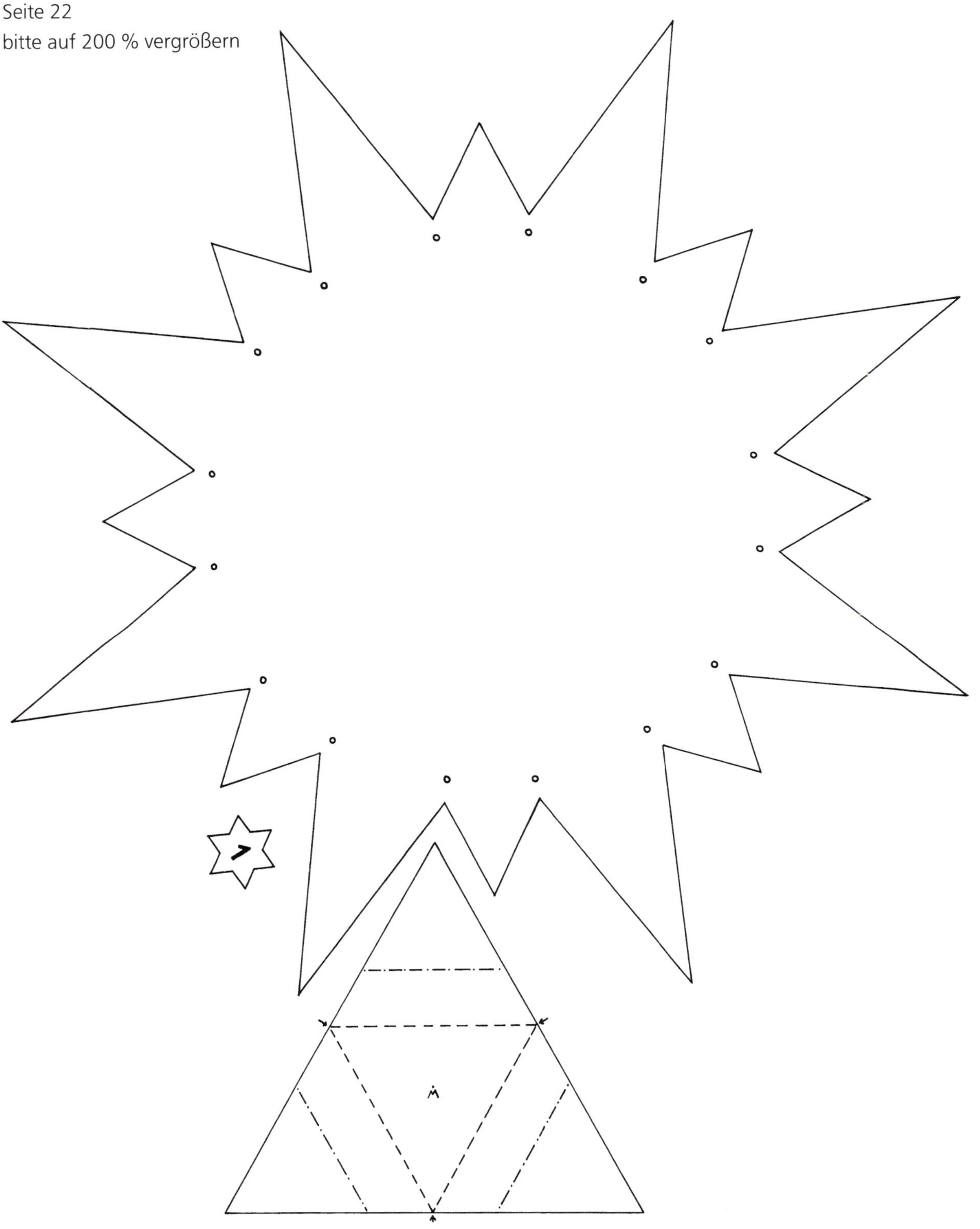

Fröbelsterne

Seite 24

Faltskizze

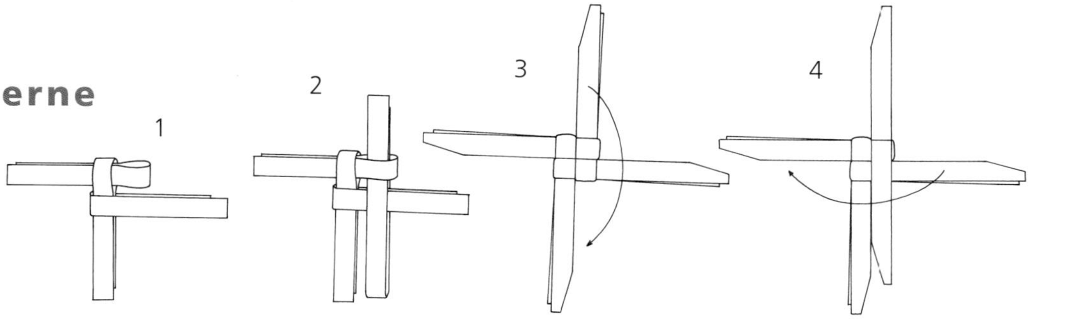

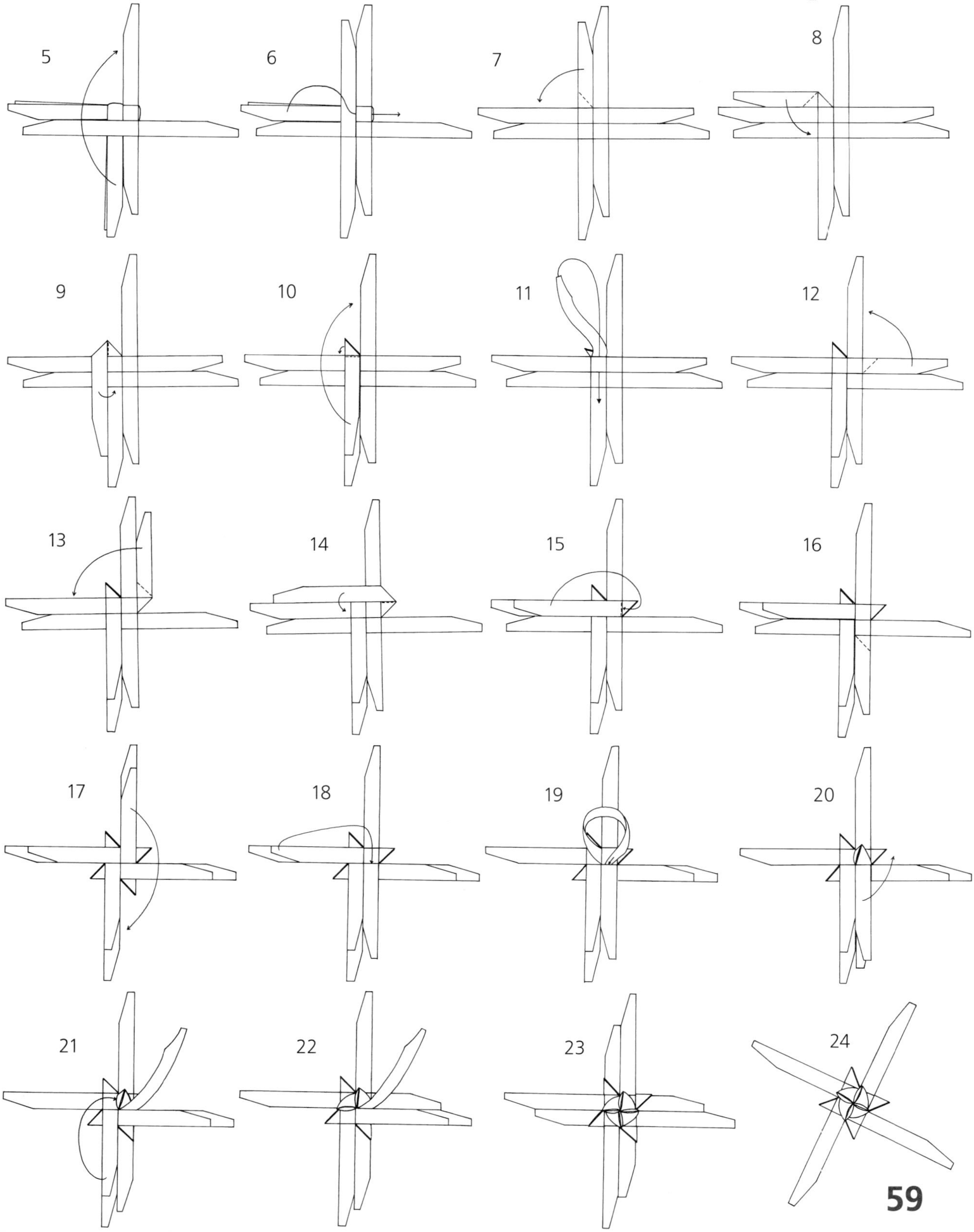

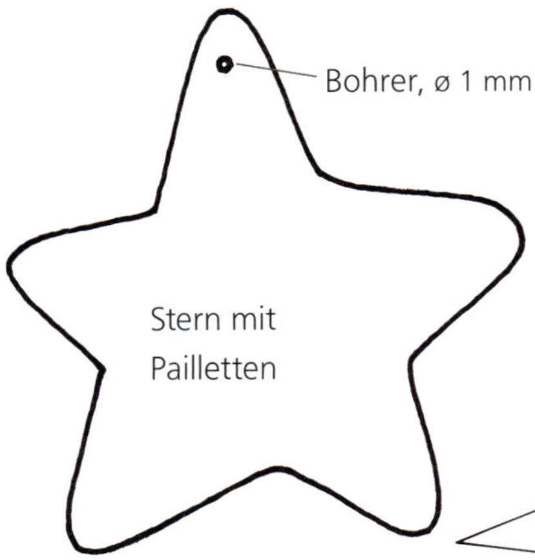

Holzsterne

Seite 36

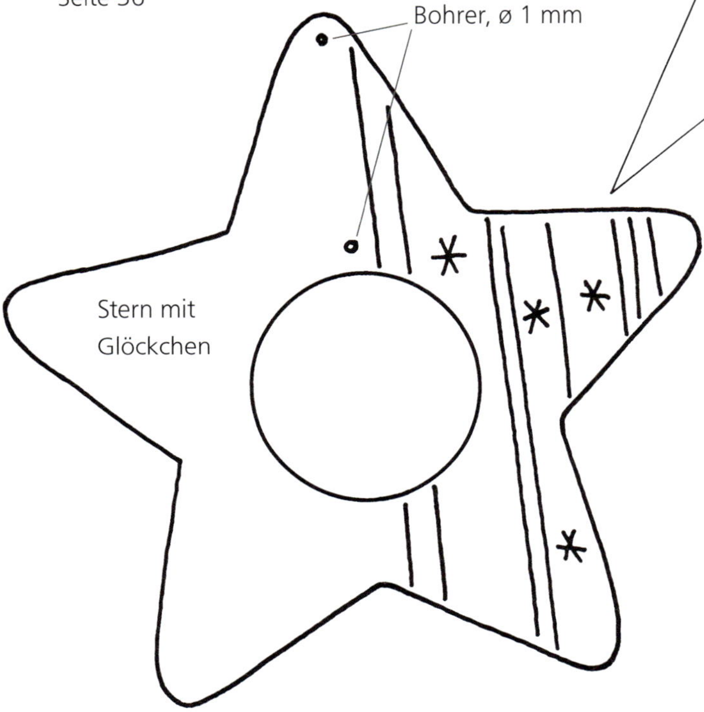

Sperrholz-sterne

Seite 34
bitte auf 200 % vergrößern

Spansterne

Seite 28
Faltskizze

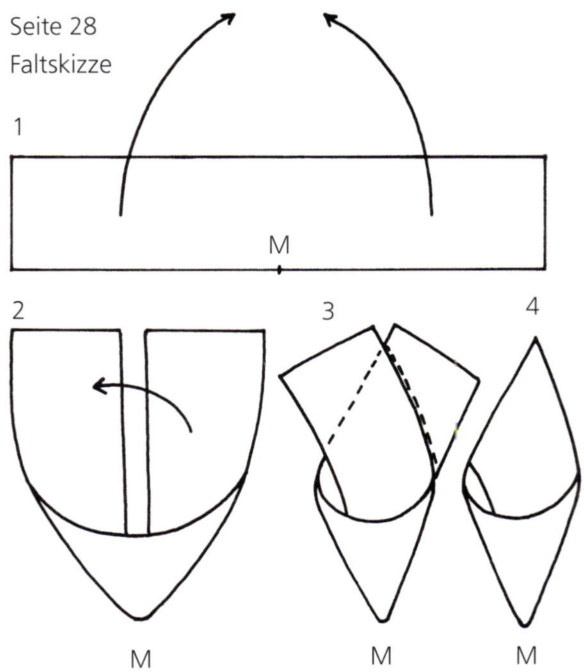

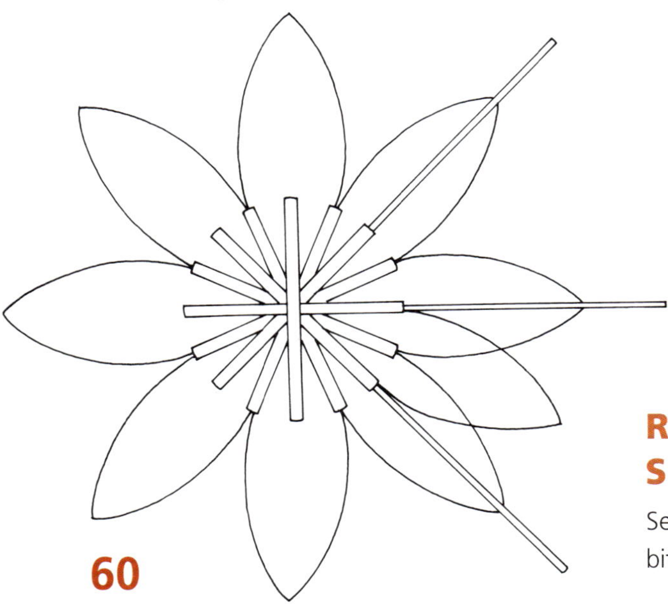

Raffinierte Strohsterne

Seite 32
bitte auf 200 % vergrößern

Sperrholzsterne

Seite 34

bitte auf 200 % vergrößern

Schneekristall-Kette

Seite 38

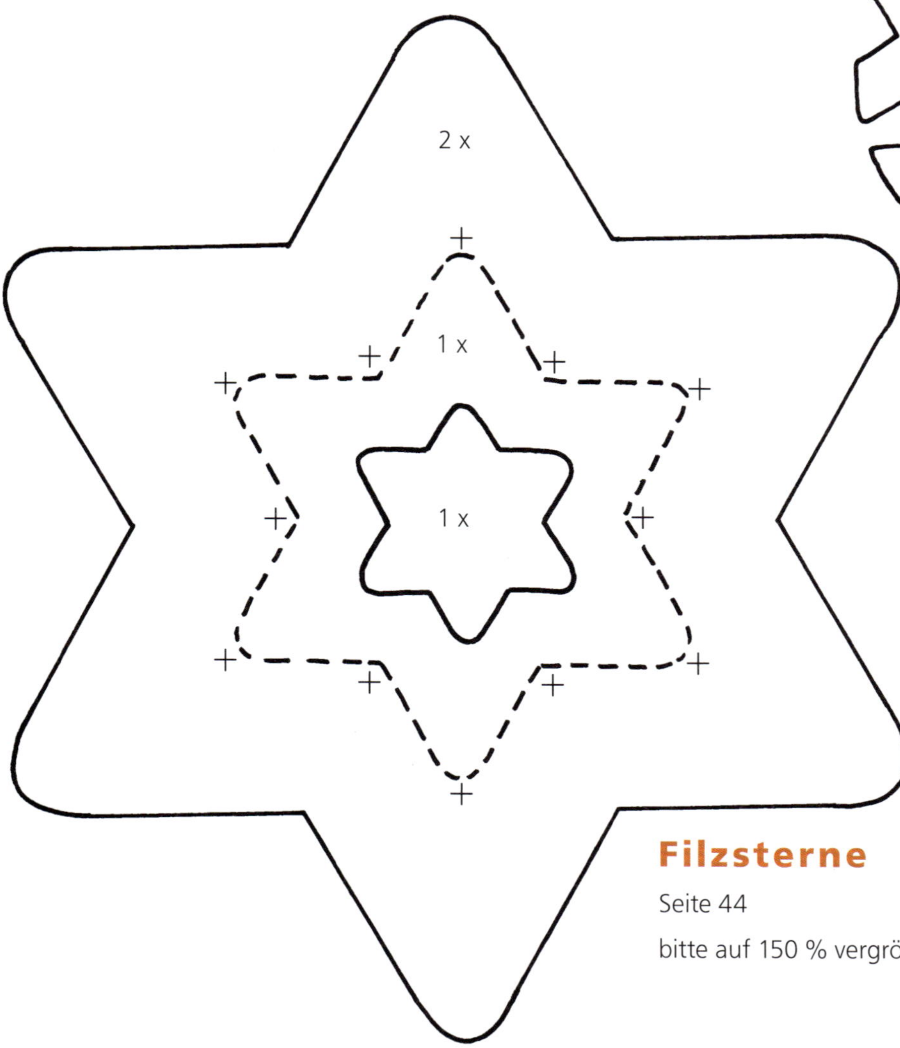

Filzsterne

Seite 44

bitte auf 150 % vergrößern

Goldfoliensterne

Seite 42

Perlensterne in Türkis

Seite 50

Stern oben

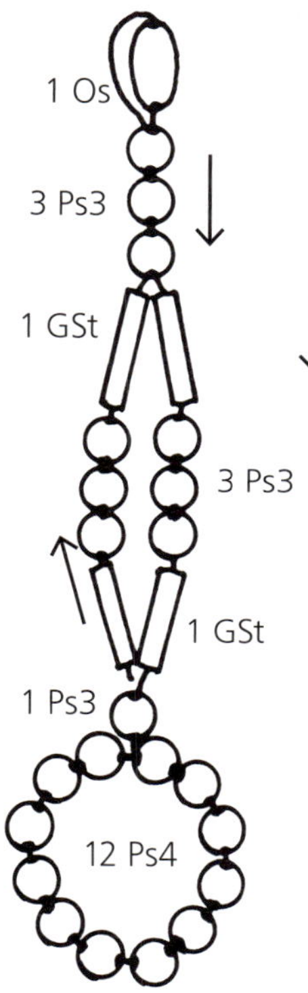

Stern unten

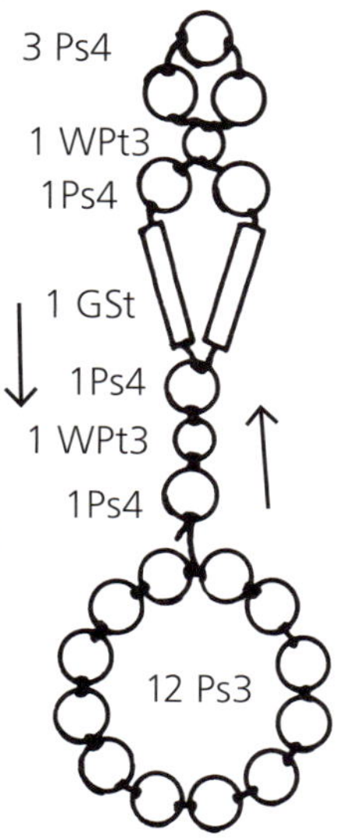

Perlensterne in Lila

Seite 52

Stern mit Oliven und Glasschliff-Perlen

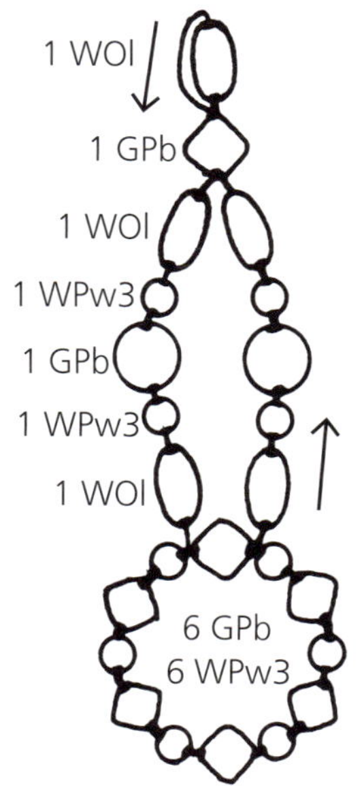

Kleiner Stern

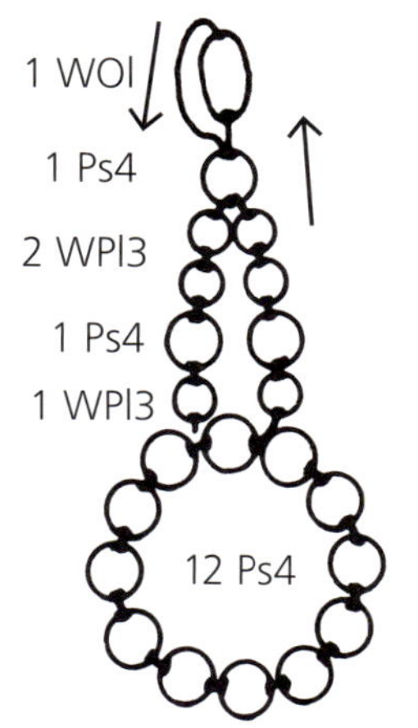

Flache Foliensterne

Seite 40

bitte auf 200 % vergrößern

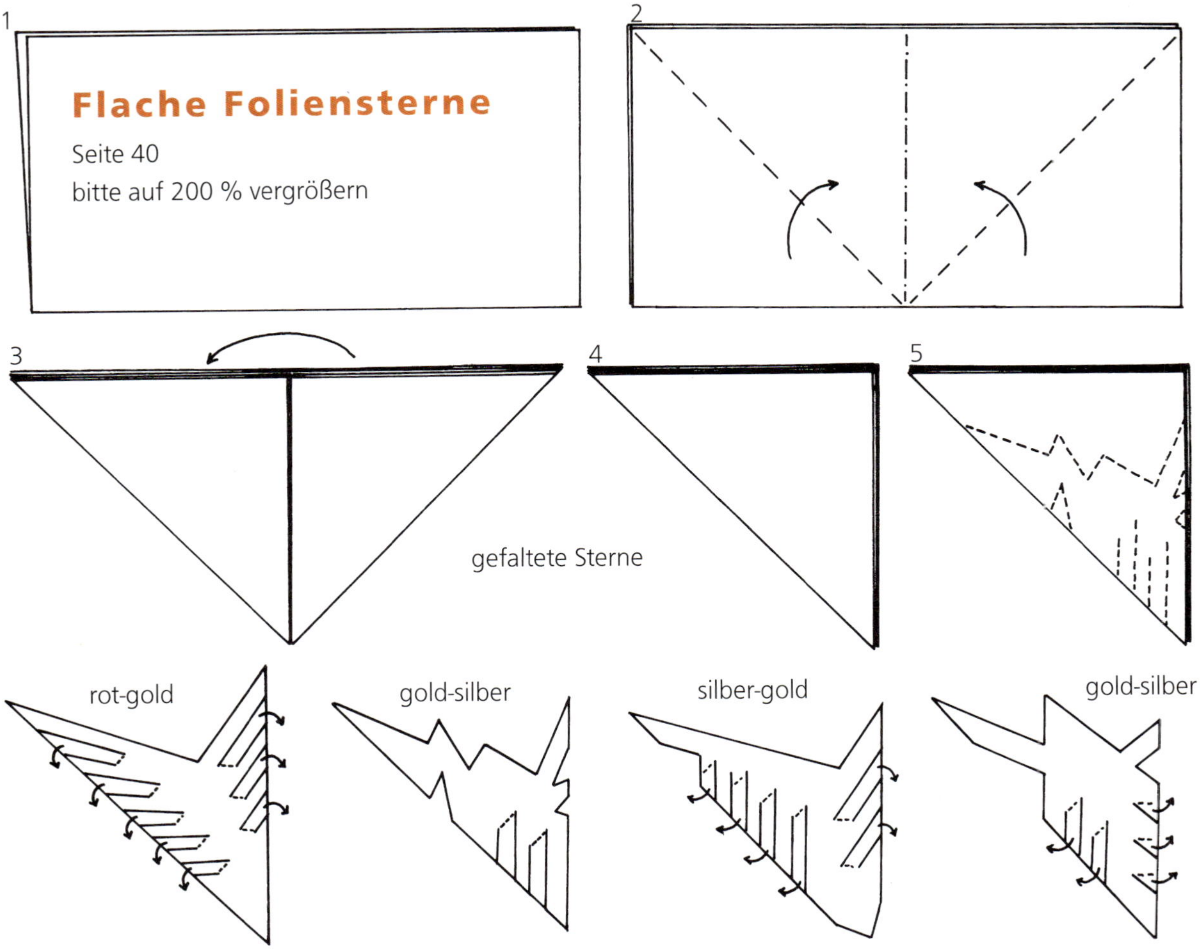

Stern mit geprägter Bastelfolie

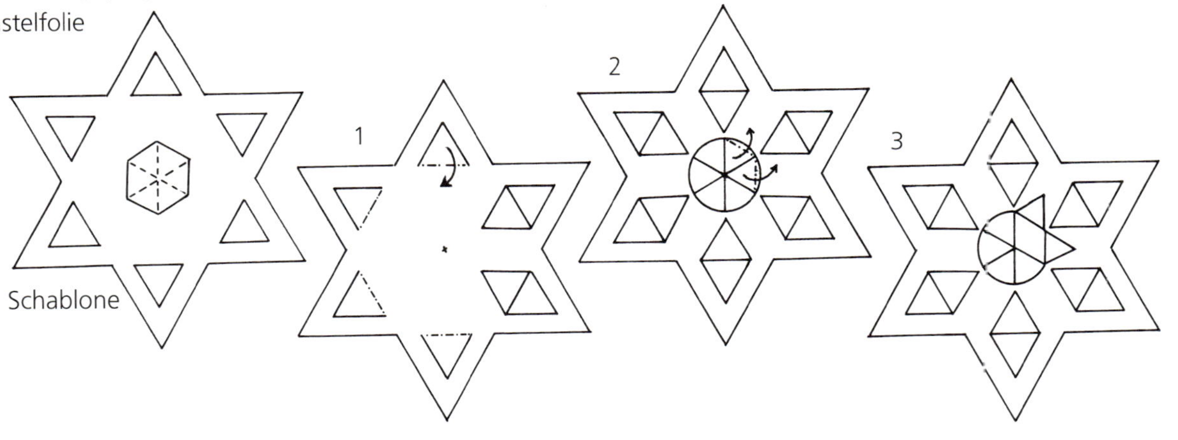

IMPRESSUM

FOTOS: Fotostudio Ullrich & Co., Renningen; Rudi Vogelbacher (Schrittfotos S. 8/9, S. 18)
DRUCK UND BINDUNG: Himmer AG, Augsburg

Genehmigte Sonderausgabe
DMV Daten- und Medien-Verlag Beteiligungs-GmbH, Römerstraße 4, 86438 Kissing
1. Auflage 2010

ISBN 978-3-942275-15-6